SingLiesel

MIX
Papier aus verantwortungsvollen Quellen
FSC® C014138
FSC
www.fsc.org

Satz: Martin Janz, Freiburg i.Br.
Umschlaggestaltung: Martin Janz, Freiburg i.Br.
Druck: FINIDR, Czech Republic

ISBN 978-3-948106-66-9

www.singliesel.de

Bildnachweise: shutterstock.com

Alle Kurzaktivierungen in diesem Buch sind aus der Praxis entstanden und vielfach erprobt. Bitte vergessen Sie nicht, dass jeder Mensch seine spezielle Tagesform und seine einzigartige Biografie mitbringt, die Sie berücksichtigen müssen. Nicht jede Übung oder jedes Spiel passt für jeden. Die Autorinnen und der Verlag haften nicht für etwaige Personen- oder Sachschäden.

Natali Mallek | Annika Schneider

Kurzaktivierungen ohne Material

Last-Minute-Ideen für den Herbst

Inhalt

Einleitung

Schmackhafte Birnen, erntereife Felder und ein auffrischender Wind lassen uns spüren, dass der Herbst da ist. In unseren Kurzaktivierungen haben wir 30 Herbstthemen aufgegriffen, die diese wunderschöne Jahreszeit greifbar und erlebbar machen. Sie erzählen von niedlichen Igeln, saftigen Äpfeln und raschelndem Laub. Es geht um die Dinge, die im Herbst dafür sorgen, dass wir entspannt durchatmen und den Augenblick genießen können.

Kurze Begegnungen für mehr Lebensqualität

Manchmal ist im Arbeitsalltag nur wenig Zeit für den persönlichen Kontakt und es ist eine große Herausforderung, diesen sinnvoll für die Begegnung auf Augenhöhe zu nutzen. Unsere Ideen zeigen Ihnen, wie Sie auch kurze Begegnungen zum Beziehungsaufbau nutzen können. Auf der Grundlage von Empathie und Verständnis möchten wir Ihnen helfen, Momente zu schaffen, die die Lebensqualität steigern.

Dabei haben wir die Bücher dieser Reihe bewusst so aufgebaut, dass Sie kein zusätzliches Material brauchen, um in die Begegnung zu gehen. Alle Ideen sind abwandelbar und können mit etwas Fingerspitzengefühl an die Bedürfnisse der Menschen, denen Sie begegnen, angepasst werden.

Die Bedeutung von Jahreszeiten für Menschen mit Demenz

Die Jahreszeiten sind die Uhr der Natur und sie durchdringen und beeinflussen das menschliche Leben auf vielen Ebenen. Von unserer Ernährung und unserem körperlichen und seelischen Wohlbefinden über unsere Aktivitäten in Haus und Garten oder in der Freizeit bis hin zu kulturellen Festivitäten – die Jahreszeiten spielen eine komplexe Rolle.

Vertrautheit, Sicherheit und Struktur. Durch ihre Vertrautheit geben uns die Jahreszeiten Sicherheit und Struktur und helfen uns bei der zeitlichen Orientierung. Diese Eigenschaften machen sie in der Arbeit mit Menschen mit Demenz als Bezugspunkt so wertvoll. Wenn die eigene Orientierungsfähigkeit schwindet, können die Routinen der Jahreszeiten einen Ankerpunkt bilden und ein wenig Ordnung in die innere Unruhe bringen.

Erlebnisse für alle Sinne. Jede Jahreszeit ist mit besonderen Erlebnissen für die Sinne verbunden. Wenn wir an den Sommer denken, spüren wir die warmen Sonnenstrahlen auf der Haut, während der Gedanke an den Winter uns vielleicht den Klang eines prasselnden Kaminfeuers hören lässt. Im Frühling riechen wir den Duft frischer Blumen und das Wort „Herbst“ reicht aus, um Erinnerungen an bunte Blätter und Kastanienmännchen aufsteigen zu lassen.

Erinnerungen und Verbindung. Die Erinnerungen, die wir mit den Jahreszeiten verbinden, sind tief in unserem Langzeitgedächtnis verankert. Bei Menschen, die in einem ähnlichen Kulturkreis und unter ähnlichen klimatischen Bedingungen leben und gelebt haben, gibt es im Erleben der Jahreszeiten und im Erinnerungsspektrum viele Gemeinsamkeiten. Ein Blick auf die Gemeinsamkeiten stärkt die Verbindung zu anderen Menschen und kann neue Brücken im Miteinander bauen und das Gemeinschaftsgefühl stärken.

Aufbau der Kurzaktivierungen

Die Kurzaktivierungen bzw. Kurzbegegnungen zu den vier Jahreszeiten sind immer gleich aufgebaut. Dadurch schaffen Sie in Ihrer Arbeit einen ritualisierten Ablauf und nutzen die Struktur, um Vertrauen zu stärken und Sicherheit zu schenken. Wie bei allen Anregungen, die wir entwickeln, handelt es sich um Vorschläge, die mit Empathie und Einfühlungsvermögen an die individuellen Menschen, mit denen Sie arbeiten, angepasst werden müssen und sollen. Auch wenn sich Krankheitsbilder und Ressourcen oft ähneln, sind die Situation, die Tagesstimmung und individuelle Faktoren immer wieder neu. Scheuen Sie sich also nicht davor, von den Vorschlägen abzuweichen und diejenigen Anregungen herauszugreifen, die für Sie, die Menschen, mit denen Sie arbeiten, und die Situation passen.

Die Haltung

Die Kurzbegegnung ist eine wunderbare Möglichkeit, mit den Menschen in Kontakt zu kommen. Dieses In-Kontakt-Kommen, die Begegnung auf Augenhöhe und das Miteinander, ist auch das Hauptziel der Kurzaktivierungen, die wir in diesem Buch vorstellen. Durch gemeinsam verbrachte Zeit und geteilte Erinnerungen ist es möglich, die Beziehung zu stärken. In der Hektik des Alltags die richtige Haltung einzunehmen und aufrechtzuhalten, kann anstrengend sein. In der Praxis ist es daher hilfreich, sich die Grundpfeiler einer vertrauensbildenden, annehmenden Haltung bewusst zu machen.

Respekt hilft uns, die persönlichen Ressourcen und Lebensleistungen der Menschen zu sehen und persönliche Grenzen zu respektieren. Bei einer Kurzbegegnung handelt es sich immer nur um ein Angebot und Angebote können auch abgelehnt werden. Professionalität hilft uns, die Reaktionen der Menschen richtig einzuordnen.

Einfühlungsvermögen brauchen wir, um die Perspektive der Menschen einzunehmen, mit denen wir arbeiten. Manche können sich verbal gut mitteilen, bei anderen sind wir allein auf unsere Beobachtungsgabe angewiesen. Hilfreich ist es, wenn wir unsere Wahrnehmungen auch mit den Kolleginnen und Kollegen besprechen, denn mehrere Perspektiven ermöglichen einen ganzheitlicheren Blick.

Geduld ist ein integraler Bestandteil bei der Arbeit mit Menschen. Wenn wir mit pflegebedürftigen Menschen und Menschen mit demenziellen Erkrankungen arbeiten, wird sie noch wichtiger. Nur wenn wir unserem Gegenüber ausreichend Zeit geben, Reize wahrzunehmen und darauf zu reagieren, können wir ein Gefühl dafür entwickeln, was wir mit unserem Angebot erreichen.

Das Zeitmanagement

In der Praxis ist der Grund für eine Kurzaktivierungen häufig, dass eine Einzelbetreuung noch „erledigt" werden muss und vom Arbeitstag nicht mehr viel übrig ist. Das ist völlig verständlich und ein durchaus legitimer Grund, eine kurze Begegnung durchzuführen. Trotzdem ist es in der Praxis schwieriger, die zuvor beschriebene Haltung einzunehmen und sich selbst und dem Menschen, mit dem man arbeitet, genug Raum zu geben, wenn die Kurzbegegnung ungeplant unter Zeitdruck stattfindet. Wir möchten aus diesem Grund ein starkes Plädoyer dafürhalten, auch Kurzbegegnungen zu planen und die dafür benötigte Zeit realistisch einzuschätzen. Wenn Sie beispielsweise in einer Einrichtung der Altenhilfe arbeiten, bieten Sie die Kurzaktivierung meistens nicht nur einem Menschen an. Außerdem benötigen Sie hinterher auch noch Zeit, um die durchgeführte Begegnung zu dokumentieren. Mit einer Planung, die diese Punkte berücksichtigt, sind Sie in der Kurzbegegnung entspannter, und das kommt sowohl Ihnen zugute als auch den Menschen, mit denen Sie arbeiten.

Der Ablauf

Die Ideen für die kurzen Begegnungen in diesem Buch können sowohl für Einzelbegegnungen als auch in der Gruppe genutzt werden. Sollte an irgendeiner Stelle der Umsetzung das Gespräch einfach locker fließen und die Kommunikation von Mensch zu Mensch entspannt ohne weitere Anregungen auskommen: Perfekt!

Verzichten Sie auf weiteren Input und lassen Sie es fließen. Sollte dies nicht der Fall sein, nehmen Sie sich so viele der Anregungen heraus wie nötig, um eine angenehme Atmosphäre zu schaffen.

Vermeiden Sie Überforderung

Achten Sie dabei unbedingt darauf, Überforderung zu vermeiden. Lesen Sie sich dafür die Anregungen im besten Fall vor der Durchführung einmal durch. Besonders bei neurodegenerativen Erkrankungen kann es sein, dass einige Gesprächsimpulse oder Rätselideen zu komplex für die Teilnehmenden sind. Lassen Sie sie in diesem Fall einfach weg und konzentrieren Sie sich auf den Einsatz des Bildes, auf die Vorleseelemente, die Lieder und Gesprächsimpulse, die Sie für geeignet halten. Die Vorschläge für die Kurzbegegnungen umfassen jeweils sechs Kategorien. Sie beginnen mit einem Bild, an das sich eine kurze Erzählung anschließt. Es geht weiter mit Fragen, mit denen Sie Gesprächsimpulse setzen können, interessanten Fakten, die ebenfalls die Entwicklung einer Unterhaltung unterstützen können, und Rätselideen, mit denen die grauen Zellen ein bisschen in Schwung kommen. Bei allen Themen finden Sie unter „Das passt noch“ weitere Ideen zum Vorlesen oder auch das ein oder andere Lied, das angestimmt werden kann.

Bilder

Mit den Bildern schaffen Sie einen gelungenen Einstieg in die vorgeschlagenen Themen. Die Abbildungen sind besonders groß, damit Menschen mit Sehbeeinträchtigungen sie möglichst gut wahrnehmen. Entscheiden Sie je nach Möglichkeiten und Ressourcen Ihres Gegenübers, wie Sie über das Bild sprechen. Sie haben zum Beispiel folgende Möglichkeiten:

- Fragen Sie, was die Teilnehmenden auf dem Bild sehen. Fragen Sie auch nach Einzelheiten und ob das Bild etwas Bekanntes darstellt.

- Fragen Sie, wann die Teilnehmenden das Abgebildete das letzte Mal gesehen haben. Fragen Sie auch nach persönlichen Empfindungen zu dem Bild.

- Wenn die Teilnehmenden das Bild nicht sehen können ODER wenig bis gar nicht sprechen, dann beschreiben Sie das Bild aus Ihrer Perspektive so genau wie möglich.

Kurze Geschichten

Die kleinen Erzählungen am Anfang sind bewusst positiv gehalten. Sie sind so konzipiert, dass sie Ruhe ausstrahlen und einen achtsamen Blick auf das Thema lenken. Die kleinen Geschichten können in der Praxis langsam vorgelesen werden. Sie bilden den Grundstein für vielfältige Gesprächsimpulse.

Gesprächsimpulse

Bei den Gesprächsimpulsen ist es besonders wichtig, dass Sie die Ideen auswählen, die für Ihr Gegenüber passend und angemessen sind. Die Fragen zu jedem Thema sind bewusst umfassend gewählt und unterscheiden sich in ihrer Komplexität stark. Nutzen Sie im Rahmen einer Kurzbegegnung nicht alle Gesprächsimpulse, sondern die, die am besten geeignet sind.
Achten Sie auch auf die Biografie der Teilnehmenden. Einige Fragen beziehen sich beispielsweise darauf, ob die Menschen etwas mit ihren Kindern gemacht haben. Wer keine Kinder hat, fühlt sich dann eher nicht angesprochen. Sie können diese Fragen daher bei Bedarf auch erweitern auf beispielsweise Nichten und Neffen.
Bei der Auswahl der Gesprächsimpulse sollten Sie die vorhandene Zeit genauso wie die kognitiven Möglichkeiten der Teilnehmenden und die emotionalen Befindlichkeiten im Blick behalten.
Der Umgang mit starken Emotionen kann in der Praxis eine große Herausforderung sein. Selbstverständlich haben wir die Themen und die damit verbundenen Gesprächsimpulse so gewählt, dass im Idealfall der Blick auf die positiven Aspekte des Seins und des Lebens gelenkt wird. Die persönlichen Erfahrungen von Menschen sind allerdings so unterschiedlich, dass es immer passieren kann, dass wir negative Erinnerungen wachrufen. Wichtig ist, dass wir die Menschen genau beobachten, es wahrnehmen, wenn das passiert, und begleiten, soweit es uns möglich ist und von den Menschen gewünscht wird. Was ein Mensch braucht, wenn er traurig, ängstlich oder wütend wird, ist individuell. Ein Gespräch, einen Spaziergang, eine warme Tasse Tee, eine Hand zum Halten oder auch Ruhe und Alleinsein sind einige Ideen, die helfen können.

Wussten Sie das?

Unter dieser Überschrift haben wir interessante Fakten zum Thema zusammengetragen. Einige sind bekannter als andere und manche laden zum Staunen ein.

Auch bei den Fakten in diesem Abschnitt lohnt es sich meist, nur ausgewählte vorzulesen. Wählen Sie immer unter dem Gesichtspunkt aus, was am ehesten für eine angenehme Atmosphäre sorgt und die Teilnehmenden zu eigenen Gesprächsbeiträgen ermuntert.

Rätselideen

Zu jedem Thema schlagen wir jeweils zwei Übungen vor, mit denen das Gehirn trainiert werden kann. Die Übungen variieren in der Schwierigkeit und decken die verschiedenen Ziele eines ganzheitlichen Gedächtnistrainings ab. Übungen für das Gedächtnistraining sind jedoch immer nur so lange sinnvoll, wie die Teilnehmenden Freude empfinden und ein Erfolgserlebnis haben.

Das passt noch

Vielleicht suchen Sie im Anschluss an eine Kurzbegegnung noch nach einer weiteren Idee zum Vorlesen, gemeinsamen Singen oder Musikhören. Dann werden Sie unter der Überschrift „Das passt noch" fündig. Dort finden Sie ergänzende Impulse zum Thema.

Nun wünschen wir Ihnen und den Menschen, die Sie begleiten, viel Freude bei den herbstlichen Kurzaktivierungen!

Natali Mallek und Annika Schneider

Äpfel

Omas Apfelkuchen

Der Geruch von Omas Apfelkuchen war für Lisa der schönste Duft im ganzen Jahr. Am liebsten backte ihre Oma den Kuchen mit frisch gepflückten Äpfeln aus dem Garten. Da Lisa im Herbst Geburtstag hatte, hatte sie das große Glück, dass ihre Oma in jedem Jahr einen Apfelkuchen zum Geburtstagskaffee mitbrachte. Lisa sog den Duft der warmen Äpfel mit der leichten Zimt-Note tief ein. Ganz frisch schmeckte der Kuchen am besten. Die Äpfel zergingen ihr jedes Mal auf der Zunge. Lisa liebte die Herbstzeit. Sie liebte es, mit Opa Äpfel zu pflücken, mit Oma zu backen und mit der ganzen Familie den warmen Apfelkuchen zu genießen.

Gesprächsimpulse

- Obst im eigenen Garten selbst zu ernten, ist ein Kindheitserlebnis, das man nie vergisst. Hatten Sie früher Obstbäume oder -sträucher im Garten? Oder im Garten der Großeltern? Welche Erinnerungen haben Sie an die Ernte? Haben Sie selbst mitgeholfen oder beim Pflücken zugeschaut?

- Gab es einen Kuchen, den Sie besonders gerne gegessen haben und den Ihre Mutter oder Ihre Großmutter regelmäßig gebacken hat? Welche Kuchen wurden im Herbst gebacken? Gab es einen besonderen Geburtstagskuchen, der traditionell gebacken wurde?

- Welche Erinnerungen haben Sie an den Duft von Äpfeln und Zimt? Welche Gerichte kennen Sie, die mit dieser besonderen Apfel-Zimt-Mischung hergestellt werden?

- An welche Düfte aus Ihrer Kindheit erinnern Sie sich? Welche besonderen Erinnerungen verbinden Sie mit diesen Düften? Welche Düfte mögen Sie gar nicht?

- Es soll gesund sein, einen Apfel am Tag zu essen. Was tun Sie im Alltag, um möglichst lange gesund zu bleiben? Was galt in Ihrer Familie früher als gesund?

Wussten Sie das?

- Ein Apfelbaum muss ungefähr sieben Jahre wachsen, bis er zum ersten Mal Früchte trägt. Apfelbäume können bis zu 100 Jahre alt werden.

- Das größte Obstanbaugebiet Deutschlands ist das sogenannte Alte Land, ein Teil der Elbmarsch südlich der Elbe in Hamburg und Niedersachsen.

- Weltweit gibt es ungefähr 30 000 verschiedene Apfelsorten. Hier in Deutschland wachsen um die 2000 Sorten, wobei in den Supermärkten meist nur die bekanntesten angeboten werden.

- Der Apfel spielt im Brauchtum, in Mythen, Legenden und Märchen eine große Rolle:

  - Er steht für Fruchtbarkeit, Liebe und Sexualität.

  - In einigen Legenden ist der Apfelbaum der Baum des ewigen Lebens.

  - Im Märchen „Schneewittchen“ steht der Apfel für das Verderben, da das Mädchen damit vergiftet wird.

  - Der heilige Nikolaus schenkte den drei Jungfrauen goldene Äpfel als Mitgift.

  - Im Märchen „Frau Holle“ wollen die Äpfel geerntet werden. Die Goldmarie erntet die Äpfel und wird belohnt, die Pechmarie lässt sie hängen und wird bestraft.

  - Der sogenannte Reichsapfel war das Herrschersymbol des Kaisers.

  - Ein Aberglaube besagt, dass man im kommenden Jahr Glück hat, wenn man an Heiligabend einen Apfel isst.

Rätselideen

Redewendung zum Thema

Kennen Sie die bekannte Redewendung „in den sauren Apfel beißen“?

- Was bedeutet das?
  Beispiellösung: Etwas hinnehmen oder eine unangenehme Aufgabe übernehmen müssen, ohne die Umstände ändern zu können.

- Welche Redewendungen haben eine ähnliche Bedeutung?
  Beispiellösungen: „Durch etwas hindurchmüssen", „Es muss getan werden, was getan werden muss", „Da hilft kein Jammern", „Etwas über sich ergehen lassen".

Quizfragen

Lesen Sie den Teilnehmenden die Quizfragen vor und lassen Sie sie die Lösung erraten. Bei Teilnehmenden, für die es eher schwierig ist, die Quizfragen zu beantworten, können Sie nur zwei der Lösungsmöglichkeiten nennen und durch Ihre Stimme und Betonung bei der Auswahl der richtigen Lösung helfen.

Wie viele Apfelsorten werden in Deutschland für den gewerbsmäßigen Handel angebaut?

- etwa 250
- **etwa 25 (Lösung)**
- etwa 2000

Welche Apfelsorte gibt es nicht?

- **Linda (Lösung)**
- Carola
- Gala

Ist es wahr, dass Äpfel mit Rosen verwandt sind?

- **Ja. Äpfel gehören zur Familie der Rosengewächse. Dazu gehören zum Beispiel auch Birnen.**

Das passt noch

In meinem kleinen Apfel

(Kinderlied aus dem 20. Jahrhundert)

In meinem kleinen Apfel,
da sieht es lustig aus,
es sind darin fünf Stübchen
grad' wie in einem Haus.

In jedem Stübchen wohnen
zwei Kernchen schwarz und klein,
die liegen drin und träumen
vom lieben Sonnenschein.

Sie träumen auch noch weiter
gar einen schönen Traum,
wie sie einst werden hängen,
am lieben Weihnachtsbaum.

Bekannter Schlager

Singen Sie den folgenden Schlager mit den Teilnehmenden oder spielen Sie ihn vor.

„Beiß nicht gleich in jeden Apfel" (1966)
von Wencke Myhre

Birnen

Birnenkompott

Ein herrlicher Duft kam aus dem Kochtopf und verteilte sich in der ganzen Wohnung. Katharina stand am Herd und rührte fleißig um. Zwischendurch naschte sie hier und da ein paar Birnenstücke, die noch frisch geschält auf dem Küchentisch lagen. Es duftete nach gekochten Birnen, einer Prise Vanille und einem Hauch Zimt. Katharina liebte die Birnen aus ihrem Garten und freute sich jedes Jahr auf die Zeit, in der sie reif wurden. Zwei Bäume hatte sie gehegt und gepflegt, die nun regelmäßig voller Früchte hingen. Ihr Birnenkompott war in der ganzen Nachbarschaft beliebt. Sie kostete noch ein Stück Birne. Die Früchte im Topf köchelten langsam vor sich hin und verzauberten Katharina mit ihrem Duft.

Gesprächsimpulse

- Hatten Sie früher einen Birnbaum in Ihrem Garten? Haben Sie die Birnen selbst gepflückt? Was haben Sie aus den reifen Birnen zubereitet?

- Haben Sie in einer Nachbarschaft gelebt, in der man sich gut kannte und sich gegenseitig unterstützt hat? Gab es etwas, das Sie gut konnten und das Ihre Nachbarn an Ihnen schätzten? Gab es jemanden in Ihrer Nachbarschaft, der Ihnen sehr nahestand?

- In dem Gedicht „Herr von Ribbeck auf Ribbeck im Havelland“ [Das Gedicht finden Sie auf S. 21.] setzt Herr von Ribbeck sich für die Kinder in der Umgebung ein und schenkt ihnen Birnen aus seinem Garten. Sind Sie in Ihrem Leben Menschen begegnet, die Gutes getan haben und/oder sich selbstlos für Hilfsbedürftige eingesetzt haben? Haben Sie einmal einen Menschen begleitet, der Ihre Unterstützung brauchte? Wie sah diese Begleitung aus?

- Das klassische Rezept für das Dessert „Birne Helene“ besteht aus einer in Zuckersirup gekochten Birne, Vanilleeis und Schokoladensoße. Im Alltag wird das Rezept oft abgewandelt. Kennen Sie das Dessert? Wie richten Sie es an?

- In dem Film „Pappa ante portas“ mit Loriot ist die „Birne Helene“ ein wiederkehrender Witz. Das Dessert wird wiederholt serviert, jedoch nie nach dem Original-Rezept und vor allem ohne Birne. Loriot spielt in dem Film den Vorruheständler Heinrich Lohse. Am 80. Geburtstag von Heinrich Lohses Schwiegermutter gibt es eine „Birne Helene“, die aus Apfelmus und Sahne besteht. Kennen Sie den Film? Können Sie über derartigen Humor lachen? Mochten Sie Loriot?

Wussten Sie das?

- Das Dessert „Birne Helene“ besteht aus gekochter Birne mit Schokoladensoße und wurde für die Operette „Die schöne Helena“ von Jaques Offenbach kreiert, die im Jahr 1864 ihre Erstaufführung hatte.
- Das Hauptanbaugebiet für Birnen ist China. Dort werden ungefähr 40 Prozent der Weltproduktion von Birnen angebaut.
- Bereits im 17. Jahrhundert wurden in Frankreich Birnen angebaut und gelangten durch den „Sonnenkönig“ Ludwig XIV., der die Birne als königliche Frucht anpries, zu einem hohen Bekanntheits- und Beliebtheitsgrad.
- Birnen sind säureärmer als Äpfel und daher gut verträglich. Sie haben viele Vitamine und einen hohen Gehalt an Ballaststoffen.
- Das Vorbild für Fontanes Gedicht „Herr von Ribbeck auf Ribbeck im Havelland“ hieß Hans Georg von Ribbeck. Auf dem Grab der Familie von Ribbeck wuchs tatsächlich ein Birnbaum, der aber im Jahr 1911 durch einen Sturm umgeworfen wurde. Der Stumpf steht heute noch in der Dorfkirche von Ribbeck, einem Ortsteil von Nauen im Landkreis Havelland in Brandenburg.

Rätselideen

Kennen Sie das von anderer Stelle?

Die Birne ist eine Frucht, die oben schmal und unten breit und bauchig ist. Kennen Sie andere Dinge, die oben schmal und unten breiter sind (oder auch unten schmal und oben breit)?

Beispiellösungen: Glühbirne, Weinflasche, Trichter.

Stichworträtsel

Lesen Sie die Stichwörter langsam vor und lassen Sie die Teilnehmenden erraten, welcher Oberbegriff gesucht wird. Tipp: Alle Begriffe kann man mit Birnen herstellen.

- Getränk, alkoholisch, vergoren, klein ⇨ **Schnaps**
- Dessert, Frucht, Schokoladensoße, Loriot ⇨ **Birne Helene**
- Mehl, Eier, Butter, backen ⇨ **Kuchen**
- Frucht, Kochen, Gewürze, einwecken ⇨ **Kompott**

Das passt noch

Herr von Ribbeck auf Ribbeck im Havelland (1889)

von Theodor Fontane

Herr von Ribbeck auf Ribbeck im Havelland,
Ein Birnbaum in seinem Garten stand,
Und kam die goldene Herbsteszeit
Und die Birnen leuchteten weit und breit,
Da stopfte, wenn's Mittag vom Turme scholl,
Der von Ribbeck sich beide Taschen voll,
Und kam in Pantinen ein Junge daher,
So rief er: „Junge, wiste 'ne Beer?"
Und kam ein Mädel, so rief er: „Lütt Dirn,
Kumm man röwer, ick hebb 'ne Birn.

So ging es viel Jahre, bis lobesam
Der von Ribbeck auf Ribbeck zu sterben kam.
Er fühlte sein Ende, 's war Herbsteszeit,
Wieder lachten die Birnen weit und breit;
Da sagte von Ribbeck: „Ich scheide nun ab.
Legt mir eine Birne mit ins Grab."

Und drei Tage drauf, aus dem Doppeldachhaus,
Trugen von Ribbeck sie hinaus,
Alle Bauern und Büdner mit Feiergesicht
Sangen „Jesus, meine Zuversicht“,
Und die Kinder klagten, das Herze schwer:
„He is dod nu. Wer giwt uns nu 'ne Beer?“

So klagten die Kinder. Das war nicht recht –
Ach, sie kannten den alten Ribbeck schlecht;
Der neue freilich, der knausert und spart,
Hält Park und Birnbaum strenge verwahrt.

Aber der alte, vorahnend schon
Und voll Misstrau'n gegen den eigenen Sohn,
Der wusste genau, was damals er tat,
Als um eine Birn' ins Grab er bat,
Und im dritten Jahr aus dem stillen Haus
Ein Birnbaumsprössling sprosst heraus.

Und die Jahre gingen wohl auf und ab,
Längst wölbt sich ein Birnbaum über dem Grab,
Und in der goldenen Herbsteszeit
Leuchtet's wieder weit und breit.
Und kommt ein Jung' übern Kirchhof her,
So flüstert's im Baume: „Wiste 'ne Beer?“
Und kommt ein Mädel, so flüstert's: „Lütt Dirn,
Kumm man röwer, ick gew' di 'ne Birn.“

So spendet Segen noch immer die Hand
Des von Ribbeck auf Ribbeck im Havelland.

Spannenlanger Hansel, nudeldicke Dirn

(Kinderreim und Volkslied aus dem 19. Jahrhundert)

Spannenlanger Hansel,
nudeldicke Dirn',
gehn wir in den Garten,
schütteln wir die Birn'.
Schüttle ich die großen,
schüttelst du die klein',
wenn das Säcklein voll ist,
gehn wir wieder heim.

Lauf doch nicht so närrisch,
spannenlanger Hans!
Ich verlier' die Birnen
und die Schuh noch ganz.
Trägst ja nur die kleinen,
nudeldicke Dirn,
und ich schlepp den schweren Sack
mit den großen Birn'.

Drachen

Drachenwind

Die ersten Herbstwinde zogen durch die Lande. Die Felder lagen stoppelkurz gemäht in der goldenen Oktobersonne. In den letzten Tagen war es kühl geworden. Christoph freute sich darauf, endlich wieder seinen Drachen steigen zu lassen. Den hatte er im letzten Jahr mit seinem großen Bruder Paul gebaut. Die beiden gingen aufs Feld. Die Luft war wunderbar frisch und die Sonne wärmte ihr Gemüt. Christoph war sehr dankbar, dass Paul erfahren im Drachensteigenlassen war. Und so hob der Drachen tatsächlich ab in die Luft, stieg höher und höher und näherte sich dem Himmel. Es war ein wunderbares Bild. Lange stand Christoph so da und folgte dem roten Drachen mit seinen Blicken in den blauen Oktoberhimmel.

Gesprächsimpulse

- Haben Sie als Kind, oder auch im Erwachsenenalter, im Herbst Drachen steigen lassen? Gab es einen Ort, an dem das gut ging? Hat der Wind Ihren Drachen getragen? Hatten Sie Freude daran?

- Drachen steigen lassen und über Stoppelfelder laufen – was verbinden Sie noch mit dem Herbst? Welche Aktivitäten und Rituale gehören für Sie in die Herbstzeit? Welches sind in der Natur und in Ihrem Umfeld die ersten Anzeichen dafür, dass der Herbst da ist?

- Ganz oft verbinden wir Erinnerungen an Erlebnisse mit den Menschen, die uns dabei begleitet haben. Gibt es solche Erinnerungen bei Ihnen? Aus der Kindheit oder dem Erwachsenenalter? Gab es etwas, das Sie mit Ihren Geschwistern gemacht haben? Erlebnisse, die Sie mit einem besonderen Freund oder einer Freundin verbinden?

- Ein abgemähtes Feld bietet unheimlich viel Freiheit. Freiraum für Gedanken, Platz für Bewegung und eine weite Sicht. In welchen Bereichen und in welchen Augenblicken Ihres Lebens konnten Sie frei leben? Wo und in welchen Beziehungen haben Sie Freiheit erlebt und hatten das Gefühl, dass Sie angenommen werden, wie Sie sind?

- Ein Drachen genießt die Weite des Himmels, ist aber durch die Schnur sicher gehalten und gebunden und kann jederzeit auf den Boden zurückgeholt werden. Haben Sie sich schon einmal gewünscht, so sicher gehalten wie ein Drachen in den Himmel aufsteigen und fliegen zu können? Wo würden Sie gerne aufsteigen?

Wussten Sie das?

- Das Drachensteigenlassen kommt ursprünglich aus China. Dort wurden schon im Jahr 500 v.Chr. Drachen aus Seide und Bambusstäben gebaut. In Europa ist das Drachensteigenlassen seit ungefähr 400 Jahren bekannt.

- Der Beginn Fastenzeit wird in Griechenland mit Drachensteigenlassen gefeiert. Dieser Tag ist in Griechenland ein gesetzlicher Feiertag. Dem Glauben nach schenkt ein besonders hochfliegender Drachen Glück für das kommende Jahr.

- Gegen Ende des 19. Jahrhunderts wurden Drachen erstmals dazu verwendet, Fotos aus der Luft zu machen.

- Beim japanischen Neujahrsfest ist das Drachensteigenlassen zusammen mit anderen Spielen ein fester Brauch.

- Jedes Jahr finden auf der ganzen Welt große Drachenfestivals statt. Die bekanntesten sind unter anderem in Weifang (China), Fréjus (Frankreich), auf der Insel Fanø (Dänemark) und in Travemünde (Deutschland).

Rätselideen

Sätze vollenden

Lesen Sie die folgenden Satzanfänge vor und lassen Sie die Teilnehmenden ganz nach Belieben ergänzen.

- Zum Drachensteigenlassen gehört auf jeden Fall ...

- Wenn ich einen Drachen fliegen lassen möchte, muss ich ...

- Schwierig wird das Drachensteigenlassen, wenn ...

Silben zählen

Bitten Sie die Teilnehmenden, Wörter nachzusprechen und dabei die Silben zu zählen.

Wortbeispiele: Stoppelfelder (4), Drachenfest (3), Drachensteigenlassen (6), Herbstwind (2).

Das passt noch

Steig Drache steig (Das Lied vom Drachen) (1843)

von Hoffmann von Fallersleben

Steig, Drache, steig zum Himmel hinan!
Hoch oben sieh die weite Welt dir an!

Sieh an dir die Berge, die Täler und Au'n!
Du musst dir alles ganz genau beschau'n!

Der Drache hört's und verlässt das Feld,
Er will sich anseh'n ganz genau die Welt.

Er hat sich noch lange nicht satt geseh'n,
Jetzt bleibt er oben in den Lüften stehn.

Nun aber wendet er seinen Flug,
Er kehret schon zurück, er sah genug.

Und mancher sieht manch Land und Meer
Und kommt zuletzt zur Heimat wieder her.

Bekannter Schlager

Singen Sie den folgenden Schlager mit den Teilnehmenden oder spielen Sie ihn vor.

„Der gekaufte Drachen" (1981)

von Udo Jürgens

Eicheln

Im Wald

Ernst liebte Waldspaziergänge, besonders im Herbst, wenn sich die Blätter der Bäume verfärben und das Laub nach und nach den Waldboden bedeckt. Heute war es still im Wald. Nur der Wind strich sanft durch die Blätter, die noch an den Bäumen hingen. Ein paar Eicheln fielen auf den Boden. In den letzten Tagen hatte es kräftig geweht und der Wind hatte viele Blätter und Früchte von den Bäumen geblasen. Heute ging nur eine schwache Brise, aber das reichte aus, um die eine oder andere Eichel vom Baum fallen zu lassen. Ernst kniete sich hin und nahm eine Eichel in die Hand. Er strich mit dem Daumen über die glatte Oberfläche und das raue Hütchen. Dann umschloss er sie mit seiner Hand. Ein wahrer Schatz der Natur.

Gesprächsimpulse

- Mögen Sie Waldspaziergänge im Herbst? Wie fühlt sich das an, über Laub und Eicheln oder Kastanien zu gehen? Haben Sie schon mal die Rinde einer Eiche berührt? Was war das für ein Gefühl?
- Haben Sie früher als Kind oder mit Ihren eigenen Kinder Eicheln gesammelt und daraus etwas gebastelt oder Spiele gestaltet? Wissen Sie noch, wie sich das Sammeln angefühlt hat? Was haben Sie mit den gesammelten Eicheln gemacht?
- Eicheln werden in der Schweinemast verwendet und dienen als Mehl- oder Kaffee-Ersatz. Früher wurde der sogenannte Muckefuck daraus gekocht. Haben Sie je eine Zubereitung aus Eicheln gegessen oder getrunken? Haben Sie eventuell sogar selbst etwas mit Eicheln gekocht?
- Die Eiche ist ein Symbol für ewiges Leben. Oft wird sie als hoffnungsbringender Lebensbaum dargestellt. Haben Sie auch eine solche Verbindung zu Eichen? Was sind für Sie Symbole für Hoffnung und ewiges Leben?
- Bäume wachsen über unsere Köpfe hinaus und haben eine lange Lebenszeit. Viele Bäume, an denen wir heute vorbeigehen oder unter denen wir sitzen, sind schon länger auf der Erde als wir. Die meisten werden auch länger bleiben als wir. Für manch einen haben Bäume aufgrund ihrer Lebenszeit, ihrer Kraft und Größe eine ganz besondere Faszination. Wie geht es Ihnen? Was fühlen Sie, wenn Sie durch den Wald gehen? Welche Gedanken kommen Ihnen, wenn Sie unter einem Baum sitzen und von unten seinen Stamm und seine majestätische Krone ansehen?

Wussten Sie das?

- Eichen können sehr alt werden, manche sogar um die 1000 Jahre. Ihr Holz ist widerstandsfähig und auch aufgrund seines Aussehens sehr beliebt.
- Die Redewendung „Eichen sollst du weichen, Buchen sollst du suchen" ist wissenschaftlich nicht belegt. Eichen werden nicht häufiger vom Blitz getroffen als andere Bäume. Man sollte es generell vermeiden, bei Gewitter Schutz unter einem freistehenden Baum zu suchen.
- In Deutschland wurden im Laufe der Zeit an vielen Orten sogenannte Friedenseichen gepflanzt. Zahlreiche Eichen wurden beispielsweise nach dem Deutsch-Französischen Krieg (1870–1871) in die Erde gesetzt.
- Eichenholz wurde schon von den Wikingern zum Bau ihrer Erkundungsschiffe eingesetzt.
- Die Eiche wird besonders von den Engländern verehrt. Einer Legende nach soll sich König Karl II. nach dem 1651 verlorenen Krieg in der Baumkrone einer Eiche versteckt haben und so gerettet worden sein.

Rätselideen

Was passt nicht zu den anderen?

Nennen Sie jeweils die vier aufgeführten Begriffe und fragen Sie die Teilnehmenden, welcher Begriff nicht so richtig zu den anderen passt. Fragen Sie auch immer nach der Begründung. Meistens gibt es mehrere Möglichkeiten, die Übung zu lösen.

- Fichte, Eiche, Ahorn, Buche
  Beispiellösung: Die Fichte ist ein Nadelbaum und kein Laubbaum.
- Stamm, Ast, Wurzel, Blatt
  Beispiellösungen: Die Wurzel liegt als Teil eines Baums unter der Erde. / Das Blatt besteht nicht aus Holz.

- Eichel, Kastanie, Walnuss, Erdnuss
  Beispiellösung: Die Erdnuss wächst nicht auf einem Baum, sondern in der Erde.

Verstecktes Wort

Lesen Sie die sieben Wörter jeweils langsam vor und fragen Sie dann, in welchen zwei Wörtern sich das Wort „Eiche“ versteckt:

- begleiten, verstr**eiche**n, seicht, Seile, err**eiche**n, begeistern, beeilen

Das passt noch

Gestutzte Eiche (1919)

von Hermann Hesse

Wie haben sie dich, Baum, verschnitten
Wie stehst du fremd und sonderbar!
Wie hast du hundertmal gelitten,
Bis nichts in dir als Trotz und Wille war!

Ich bin wie du, mit dem verschnittnen,
Gequälten Leben brach ich nicht
Und tauche täglich aus durchlittnen
Roheiten neu die Stirn ins Licht.

Was in mir weich und zart gewesen,
Hat mir die Welt zu Tod gehöhnt,
Doch unzerstörbar ist mein Wesen,
Ich bin zufrieden, bin versöhnt.

Geduldig neue Blätter treib ich
Aus Ästen hundertmal zerspellt,
Und allem Weh zu Trotze bleib ich
Verliebt in die verrückte Welt.

Ernte

Das Erntedankfest

An diesem einen Sonntag im Oktober kam die ganze Familie zum Erntedankfest zusammen. Sandra liebte diesen Tag. Der Tisch war reichlich und festlich gedeckt. Überall im Haus duftete es nach frisch gebackenem Brot, Kürbissuppe und warmem Apfelkuchen mit Streuseln. Ein Gefühl tiefer Dankbarkeit lag in der Luft. Dankbarkeit für die reiche Ernte und die gemeinsame Zeit mit der Familie. Sandra spielte unbeschwert mit ihren Cousinen im Garten. Und immer wieder hielt sie zwischendurch inne und schaute zu dem Tisch, an dem ihre Eltern, Großeltern, Tanten und Onkel saßen. Sie lächelte. Es ging ihr gut. Dieser Tag war für sie einer der schönsten im Jahr!

Gesprächsimpulse

- Wie haben Sie die Erntezeit in Ihrer Kindheit erlebt? Hatten Sie (oder auch Freunde oder Angehörige) einen Garten, in dem Obst und Gemüse angebaut wurde? Wohnten Sie vielleicht in der Nähe eines Bauernhofs, der Getreide anbaute? Haben Sie die Zeit der Ernte dort beobachtet?

- Wenn man Nahrungsmittel selbst anbaut, hofft man auf eine ertragreiche Ernte. Waren Sie in Ihrem Leben abhängig von einer guten Ernte? Waren Sie darauf angewiesen, dass es gute Erträge gab, damit Sie für sich und Ihre Familie sorgen konnten?

- In vielen Gegenden wird Anfang Oktober das Erntedankfest gefeiert. Wie war das in Ihrer Familie? Können Sie sich an Erntedankfeste in Ihrer Kindheit erinnern? Hat sich die Bedeutung des Erntedankfestes im Laufe Ihres Lebens für Sie verändert? Wenn ja, können Sie beschreiben, wie?

- Wenn Sie auf Ihren Lebensweg und auf die Menschen, die Ihnen begegnet sind, zurückblicken, wofür sind Sie besonders dankbar? Empfinden Sie Dankbarkeit heute anders als in der Kindheit oder im jungen Erwachsenenalter? Wie hat sich Ihr Gefühl der Dankbarkeit verändert? Sind Sie heute für andere Dinge dankbar als früher?

- Wenn man ernten kann, hat man in der Zeit vorher viel Arbeit investiert. Arbeit, die hoffentlich mit einer guten Ernte belohnt wird. Worin haben Sie in Ihrem Leben Zeit und Mühe investiert? Was war Ihnen wichtig? Wie fühlt sich dieses Bemühen rückblickend an? Was ist daraus Schönes entstanden? Welche Wege haben sich vielleicht verändert, aber es fühlt sich dennoch richtig an, dass Sie diese gegangen sind?

Wussten Sie das?

- In Japan wird den Göttern am Erntedankfest Reis geschenkt. Die Opfergaben überbringt der Kaiser. Erste Aufzeichnungen dieser Zeremonie gehen bis in das Jahr 678 zurück. Das Erntedankfest heißt dort „Tag des Dankes für die Arbeit“ und wird seit 1948 am 23. November begangen. Der Tag ist in Japan ein gesetzlicher Feiertag.

- Der Erntekranz für das Erntedankfest besteht in einigen Regionen aus den letzten Ähren, die vom Feld geerntet werden. Diese werden dem Betriebsleiter von der Belegschaft symbolisch übergeben, der sich dann wiederum mit einem gemeinsamen Festessen und dem Lohn für die getane Arbeit bedankt.

- In den USA wird Thanksgiving Ende November mit der ganzen Familie gefeiert. Es ist ein nationaler Feiertag. Zum Fest gibt es traditionell einen gefüllten Truthahn mit vielen herbstlichen Beilagen wie Kürbis. Oft gehört zum Thanksgiving ein Dankgebet und jeder erzählt, wofür er im letzten Jahr dankbar ist.

- Seit 1989 begnadigt der US-amerikanische Präsident zu Thanksgiving einen Truthahn und bewahrt das Tier so vor seinem Schicksal als Festbraten. Diese Geste soll uns symbolisch an die Werte der Dankbarkeit und des Mitgefühls erinnern.

- In trockenen Gebieten Lateinamerikas wird mit großen Kunststoffnetzen Nebel aufgefangen, den der Wind heranträgt. Dadurch können die Wassertropfen aus dem Nebel „geerntet“ und über Rohre oder Rinnen in einem Becken aufgefangen werden. Mit dem gewonnenen Wasser werden Pflanzen gegossen und Tiere getränkt. Ein Teil davon wird zudem zum Bierbrauen genutzt.

Rätselideen

Korrektur von Sprichwörtern

Lesen Sie die folgenden Sätze vor und fragen Sie die Teilnehmenden, was daran nicht richtig ist.

- Wenn jemand ohne viel eigenes Zutun Erfolg hat, dann sagt man: „Die dümmsten Bauern ernten die schlausten Kartoffeln."
  Richtig: „Die dümmsten Bauern ernten die dicksten Kartoffeln."

- Wenn man ausdrücken möchte, dass man nicht nur von Nahrung leben kann, sondern auch Liebe und Zuwendung braucht, sagt man: „Der Mensch lebt nicht von Wurst allein."
  Richtig: „Der Mensch lebt nicht von Brot allein."

- Wenn jemand seinen Eltern sehr ähnlich ist, sagt man: „Die Birne fällt nicht weit vom Stamm."
  Richtig: „Der Apfel fällt nicht weit vom Stamm."

Sätze vollenden

Lesen Sie die folgenden Satzanfänge vor und lassen Sie die Teilnehmenden ganz nach Belieben ergänzen.

- Äpfel sind eine Obstsorte, mit der man ...

- Wenn ich an den Geschmack von Trauben denke, ...

- Bei dem Duft von frisch gebackenem Brot ...

Das passt noch

Der Frühling hat es angefangen (1873)

von Hoffmann von Fallersleben

Der Frühling hat es angefangen,
Der Sommer hat's vollbracht.
Seht, wie mit seinen roten Wangen
So mancher Apfel lacht!

Es kommt der Herbst mit reicher Gabe,
Er teilt sie fröhlich aus,
Und geht dann, wie am Bettelstabe
Ein armer Mann, nach Haus.

Voll sind die Speicher nun und Gnaden,
Dass nichts uns mehr gebricht.
Wir wollen ihn zu Gaste laden,
Er aber will es nicht.

Er will uns ohne Dank erfreuen,
Kommt immer wieder her:
Lasst uns das Gute drum erneuen,
Dann sind wir gut wie er.

Eulen

Im Wildpark

Laura liebte die Besuche im Wildpark. Es war jedes Mal wieder aufs Neue spannend, welches Tier sich ihr zeigen und welches lieber im Schutz des Waldes bleiben würde. Heute stand sie vor dem großen Eulengehege. Von den beiden Bewohnerinnen konnte sie eine ganz hinten in der Ecke auf einem Baumstamm entdecken. Sie schlief und holte sich die Kraft, die sie für die nächtlichen Jagdflüge brauchte. Laura betrachtete sie durch ihr Fernglas. Das Gefieder der Eule schimmerte in einem Sonnenstrahl, der zwischen den Blättern hindurchblitzte. Es wirkte seidig weich und zerbrechlich. Sie hätte gerne einmal gespürt, wie es sich anfühlte. Lange stand Laura unter dem Unterstand und sah die Eule an. Ihrem Wesen lag ein wundervoller Zauber inne.

Gesprächsimpulse

- Um Eulen ranken sich viele Mythen. Sie gelten sowohl als Unglücksboten, die den bevorstehenden Tod ankündigen, als auch als Glücksbringer für Geburten und sollen sehr weise sein. Welche Mythen rund um das Wesen von Eulen kennen Sie? Was fühlen Sie, wenn Sie eine Eule rufen hören?

- Haben Sie schon einmal eine echte Eule gesehen? Wo war das und welche Erinnerungen haben Sie daran?

- Eulen fliegen lautlos durch die Nacht, um für ihre Beute unbemerkt zu bleiben. Verbinden Sie dieses lautlose Fliegen mit einem guten Gefühl, weil das eine ganz besondere Fähigkeit der Eulen ist? Oder finden Sie das lautlose Fliegen eher ein bisschen unheimlich?

- Kennen Sie jemanden, der sich lautlos wie eine Eule bewegen kann? Sind Sie jemand, der eher leise wie eine Eule durchs Leben geht? Oder zeigen Sie dort, wo Sie hinkommen, gerne Präsenz?

- Das Gefieder der Eulen wirkt auf die Frau in der Geschichte seidig, weich und zerbrechlich. Welche Materialien oder Dinge verbinden Sie mit diesen Eigenschaften?

Wussten Sie das?

- Die rechte Ohröffnung der Eulen sitzt ein wenig höher als die linke. Dadurch können die Vögel ihre Beute besser lokalisieren, da die Schallwellen das eine Ohr etwas eher erreichen als das andere. Das Gehör der Eulen ist drei- bis zehnmal empfindlicher als unseres.

- Der lautlose Flug gelingt den Eulen durch den besonderen Bau ihrer Flügel. Dadurch wird der Luftstrom beim Fliegen verwirbelt und die Eulen für ihre Beutetiere nur schwer wahrnehmbar.

- Eulen bauen keine Nester. Sie nisten entweder in Baum- oder Felshöhlen oder in verlassenen Nestern anderer Vögel.
- Eulen haben ein drittes Augenlid, die sogenannte Nickhaut. Diese ist transparent und schützt das Auge vor Verletzungen.
- Mit ihrem Gesichtsschleier und den Federohren können Eulen Stimmungen ausdrücken.
- In der westlichen Welt gelten Eulen als weise. Das Begleittier der Göttin Athene ist der Steinkauz.

Rätselideen

Assoziation

Nicht nur Eulen können fliegen. Überlegen Sie gemeinsam, welche anderen Tiere fliegen können.
Beispiellösungen: Fledermäuse, Schmetterlinge, Käfer, Amseln, Libellen, Bienen, Mücken, Glühwürmchen, Gänse, Spatzen.

Korrektur von Redewendungen

Lesen Sie die folgenden Sätze vor und fragen Sie die Teilnehmenden, was daran nicht richtig ist.

- Zu jemandem, der abends gerne lange aufbleibt, sagt man „Abendvogel“.
  Richtig: Nachteule.
- Wenn jemand etwas tut, das im Grunde gar nicht notwendig ist, dann trägt er Eulen nach Madrid.
  Richtig: Eulen nach Athen.

Das passt noch

Der Uhu (1836)

von Hoffmann von Fallersleben

Warum fliegt doch der Uhu in finsterer Nacht?
Ich möchte wohl wissen, was dann er noch macht?
Er könnte wie andere Leute ja ruh'n,
Er fände bei Tage genug auch zu tun.

„Wie ein Dieb muss ich leben in finsterer Nacht,
Dann geh' ich mit Frau und mit Kind auf die Jagd.
Des Tages erlaubt es die Sonne ja nicht,
Drum scheuen der Dieb und der Uhu ihr Licht."

Fledermäuse

Die Nachtwanderung

Die ersten echten Fledermäuse hatte Michael auf einer Nachtwanderung im Ferienlager gesehen. Die Dunkelheit löste in ihm ein mulmiges Gefühl aus. Zugleich war es aber auch spannend und eine ganz neue Erfahrung, so spät noch in der Gruppe unterwegs zu sein. Als seine Augen sich an die Dunkelheit gewöhnt hatten, siegte die Faszination über die Angst. Und in einem Höhleneingang begegneten sie tatsächlich kleinen Fledermäusen, die dort ein- und ausflogen. Michael traute seinen Augen kaum. Minutenlang stand er regungslos da und beobachtete den schnellen und gleichzeitig so präzisen Flug der zierlichen Tiere.

Gesprächsimpulse

- Haben Sie schon einmal Fledermäuse in der freien Natur gesehen? Was war das für ein Erlebnis? Welche Erinnerungen haben Sie an diesen Moment?
- In Geschichten sind Figuren, die aus der Fledermaus entstanden sind, meist blutsaugend und suchen nachts nach ihren Opfern. Bekannte Charaktere sind zum Beispiel „Dracula“ oder „Der kleine Vampir“. Auch „Batman“ ist nachts unterwegs. Welche dieser Figuren kennen Sie? Welche Figur mögen Sie? Welche dieser Figuren hat Ihre Sympathie?
- In der Dunkelheit sind wir oft unsicherer als im Tageslicht oder im Licht einer Lampe, weil wir uns nicht auf unseren Sehsinn verlassen können. Fühlen Sie sich im Dunkeln eher unwohl oder eher geborgen? Wie waren die Gefühle in Ihrer Kindheit bei Dunkelheit?
- Fledermäuse wirken klein und zerbrechlich. Ihr Flug ist präzise und schnell. Haben Sie sich schon einmal klein und zerbrechlich gefühlt und dann wieder groß und stark? In welchen Lebenssituationen war das so?
- Fledermäuse verlassen sich auf andere Sinne als ihren Sehsinn. Auf welchen ihrer Sinne können Sie sich neben dem Sehsinn am besten verlassen?

Wussten Sie das?

- Fledermäuse sind gemessen an der Artenvielfalt hinter den Nagetieren die zweitgrößte Säugetierart. In Deutschland gibt es ungefähr 25 Fledermausarten.
- Fledermäuse halten bis zu sechs Monate Winterschlaf und gehen nachts auf die Jagd.
- Fledermäuse leben in sehr sozialen Gefügen. Nach dem Winterschlaf finden sich die Männchen in Tagesquartieren zusammen und fliegen von dort

aus zur Jagd. Die Weibchen ziehen in Wochenstuben gemeinsam die Jungtiere auf.

- Fledermäuse können erstaunlich alt werden. Es gibt Fledermausarten, die eine Lebenserwartung von 20 bis 30 Jahren haben.

- Für ein gesundes Ökosystem sind Fledermäuse unersetzlich. In den Tropen beispielsweise bestäuben sie Blüten und verteilen Samen, sie fressen Getreideschädlinge und Insekten. Eine Zwergfledermaus hat in einer Nacht bis zu 1000 Mücken auf ihrem Speiseplan.

Rätselideen

Zusammengesetzte Wörter

Suchen Sie gemeinsam zusammengesetzte Wörter mit dem Wort Flug.
Beispiellösungen: Flugzeug, Flughafen, Hummelflug, Flugobjekt, Flugbahn, Flugbegleiter, Insektenflug, Paarungsflug, Flugente, Flugkapitän, Fluggesellschaft, Flughund.

Durcheinandergewürfelt

Hier ist jeweils ein Sprichwort lustig verdreht. Können Sie erraten, wie das Sprichwort tatsächlich lautet?

Bei Tag sind alle Katzen blau.
Lösung: Bei Nacht sind alle Katzen grau.

Schlafende Hunde beißen nicht.
Lösung: Schlafende Hunde weckt man nicht.

Sekt ist die beste Medizin.
Lösung: Schlaf ist die beste Medizin.

Das passt noch

Eine kleine Fledermaus

Eine kleine Fledermaus
flog in Oma Käthes Haus.
Dort war es warm, dort war es nett,
sie hang sich an ein Küchenbrett.
Doch hatte sie etwas Kummer,
Fledermäuschen hatte Hunger.

Insekten mochte sie nicht mehr,
auch Blut widerstrebte ihr sehr.
Keine Käfer, keine Mücken
konnten sie heute entzücken.

Doch was stand in der Küche dort?
Sie roch den schönen Duft sofort.
Es roch wirklich gar zu gut.
War das etwa doch Blut?

Dunkelrot in einem Glas.
Es roch nach Süße und nach Spaß,
es roch verführerisch und frisch
und stand dort auf dem Küchentisch.
Neugierig flog sie dorthin.
Was war in dem Glas bloß drin?

Sie nahm ihren ganzen Mut,
probierte und es schmeckte gut
und kein bisschen nach Tod.
Das war ein andres Rot.

Im Glas von Oma Käthe,
war Saft der Roten Bete.

Füchse

Der Rotpelz

„Pass bloß auf die Kaninchen auf, dass sie nicht der Fuchs holt!“ Maria hatte ständig die Stimme ihres Großvaters im Ohr, wenn sie abends die Kaninchenställe zumachte. Opa hatte schon die wildesten Geschichten über Füchse erzählt, und Maria hatte tatsächlich ein wenig Angst. Bis sie eines Tages auf einem Ausflug mit dem Fahrrad einem Fuchs begegnete. Er war gar nicht so groß, wie sie ihn sich vorgestellt hatte. Es schien sogar, als habe er Angst vor ihr. Er hatte ein wunderschönes, rotbraunes Fell, das in der Sonne glänzte. Sein Gesicht war filigran gezeichnet, sein Blick warmherzig. Sie wusste, dass er wahrlich kein Tier zum Kuscheln war und sie die Kaninchen vor ihm beschützen musste. Ihre eigene Angst vor ihm war jedoch ab diesem Tag verschwunden.

Gesprächsimpulse

- Haben Sie schon einmal einen Fuchs in freier Wildbahn gesehen? Wo war das? Wie haben Sie sich gefühlt?

- Kleintiere wie Kaninchen, Gänse und Hühner werden von Füchsen gejagt. In manchen Gegenden dringen Füchse auch in Gärten ein. Haben Sie schon einmal einen Fuchs in Ihrem eigenen Garten beobachtet oder erlebt? Mussten Sie eventuell kleine Haustiere vor Füchsen schützen?

- In Fabeln ist der Fuchs unter dem Namen Reineke bekannt. Er wird als falsch, listig, schlau und als Einzelgänger dargestellt. Gab es in Ihrem Umfeld schon einmal eine Person, die Sie – anhand ihrer Charakterzüge – (heimlich) mit einem Fuchs verglichen haben?

- Füchse sind auch sehr schöne Tiere, die im Kontakt mit Menschen sehr scheu sind. Das Mädchen in der Geschichte kann den Jagdinstinkt von der Schönheit und der Besonderheit des Tieres trennen. Können Sie das? Können Sie Situationen in Ihrem Leben oder menschliche Charaktere von zwei Seiten betrachten und das Gute und auch das Schwierige sehen?

- In dem Lied „Fuchs, du hast die Gans gestohlen" wird dem Fuchs geraten, sich in acht zu nehmen, um nicht dem Jäger vor die Flinte zu laufen. Haben Sie das Lied in Ihrer Kindheit oder später mit Ihren Kindern gesungen? Waren Sie dem Fuchs in diesen Momenten wohlgesonnen? Haben Sie das Lied gerne gesungen?

Wussten Sie das?

- Ihren Bau graben Füchse nicht immer selbst. Oft ziehen sie in bereits fertige Höhlen von Kaninchen, Iltissen oder Dachsen. Wenn die ursprünglichen Bewohner nicht schon ausgezogen sind, gründen sie mit ihnen eine Wohngemeinschaft. Dort herrscht dann ein sogenannter Burgfrieden, bei dem

die Tiere sich nichts tun. Sehr beliebt ist ein Fuchsbau mit einem Ausgang zur Sonnenseite, da die Füchse dort mit ihren Jungen gerne ein Sonnenbad nehmen

- Fuchswelpen kommen mit dunklem, kurzem Fell zur Welt. Nach etwa drei Wochen bekommt das Fell, vom Kopf an, einen braunen Schimmer.
- Füchse sind schnell, sie erreichen Geschwindigkeiten bis zu 50 km pro Stunde, und sie können bis zu fünf Meter weit und zwei Meter hoch springen.
- Füchse gehören zur Familie der Hunde.
- Ihr Sozialverhalten gestalten die Füchse flexibel. Einige leben in einer Art Familienverbund, bei dem manchmal sogar die Kinder des vorherigen Wurfs bei der Aufzucht der neuen Geschwister mithelfen. Es gibt auch eine Form, bei der Fuchs und Fähe als Eltern zusammenbleiben und jährlich neue Kleinfamilien gründen. Andere Füchse sind dagegen als Einzelgänger unterwegs.

Rätselideen

Einen Namen finden

Stellen Sie sich vor, dass ein kleiner Fuchs bei Ihnen in der Umgebung seinen Bau hat. Sie haben sich an das rotbraune, pelzige, scheue Tier gewöhnt und es ist Ihnen ans Herz gewachsen. Der Fuchs streunt allabendlich in der Nachbarschaft zwischen den Häusern herum, schaut sich mal hier, mal dort um und tut niemandem, nicht Mensch, nicht Tier, etwas zuleide. Welchen Namen könnten Sie diesem Fuchs geben?

Wörter mit „Bau“

Finden Sie Wörter, die mit den Buchstaben „Bau“ beginnen oder enden.
Beispiellösungen: Baum, Bauer, Bauwerk, Baustelle, Bauen, Dachsbau, Umbau, Bergbau.

Das passt noch

Fuchs du hast die Gans gestohlen

(Kinderlied aus dem 19. Jahrhundert)

Fuchs, du hast die Gans gestohlen,
Gib sie wieder her,
Gib sie wieder her,
Sonst wird dich der Jäger holen mit dem Schießgewehr,
Sonst wird dich der Jäger holen mit dem Schießgewehr.

Seine große, lange Flinte
Schießt auf dich das Schrot,
Schießt auf dich das Schrot,
Dass sich färbt die rote Tinte und dann bist du tot,
Dass sich färbt die rote Tinte und dann bist du tot.

Liebes Füchslein, lass dir raten,
Sei doch nur kein Dieb,
Sei doch nur kein Dieb,
Nimm, du brauchst nicht Gänsebraten, mit der Maus vorlieb,
Nimm, du brauchst nicht Gänsebraten, mit der Maus vorlieb.

Getreide

Goldene Ähren

Während der Erntezeit war immer viel zu tun. Christian saß neben dem Geräteschuppen auf den großen Steinen und betrachtete die Umgebung. Sie hatten in diesem Jahr Glück mit dem Wetter. Es war nicht zu trocken gewesen und auch kein Regen in Sicht, der das Getreide noch in Gefahr bringen konnte. Die Sonne schien, die Steine waren angenehm warm, und das Getreide glänzte goldgelb. In der Ferne hörte Christian den Mähdrescher und den Traktor mit dem Anhänger auf dem Feld hin- und herfahren. Bei der nächsten Runde durfte er mitfahren. Das hatte sein Vater ihm in diesem Jahr fest versprochen. Voller Vorfreude blickte er auf die goldgelben Felder.

Gesprächsimpulse

- Der Junge in der Geschichte darf zum ersten Mal mit seinem Vater auf dem Mähdrescher mitfahren und ist ganz aufgeregt. Endlich ist er alt genug dafür. Worauf haben Sie sich in Ihrer Kindheit oder Jugendzeit gefreut? Was waren für Sie wichtige Ereignisse, denen Sie entgegengefiebert haben? Wofür mussten Sie ein bestimmtes Alter haben oder „groß genug" sein?

- Haben Sie als Kind die Getreideernte verfolgt? Wären Sie gerne mal auf einem Mähdrescher oder einem Traktor mitgefahren? Hatten Sie vielleicht sogar die Möglichkeit dazu? Gab es ein besonderes Erlebnis auf einem Bauernhof? Was war das? Oder haben Sie sich als Kind gewünscht, mal eine Zeit lang auf einem Bauernhof zu leben? Wie haben Sie sich das Leben dort vorgestellt?

- Ob die Getreideernte gut oder schlecht ausfällt, liegt nicht nur in der Hand desjenigen, der sich darum kümmert. Auch bei guter und gewissenhafter Pflege können durch Wettereinflüsse oder Schädlinge Schäden entstehen, die für eine schlechte Ernte oder ganze Ernteausfälle sorgen. Wie sind Sie mit derartigen Situationen in Ihrem Leben umgegangen? Mit Arbeiten oder Prozessen, in die Sie viel Mühe und Fleiß gesteckt haben, die aber nicht so geendet haben, wie erhofft? Waren Sie jemand, der motiviert weitergemacht und nach Lösungen gesucht hat, oder haben Sie sich schnell entmutigen lassen?

- Wer oder was hat Ihnen in verzweifelten Momenten Kraft gegeben und Mut zugesprochen, um auch in vermeintlich ausweglosen Situationen weiterzumachen? War es eine Ihnen nahestehende Person, ein Vorbild oder vielleicht Ihr Glaube, der Ihnen als Kraftgeber zur Seite stand?

- Sind Sie, was Ihren beruflichen Weg angeht, in die Fußstapfen Ihrer Eltern getreten oder haben Sie einen anderen Weg eingeschlagen? Haben Sie sich für Ihren Beruf bewusst entschieden oder war er durch äußere Einflüsse vorherbestimmt? Wenn Sie zurückblicken: Wären Sie mit der Lebenserfahrung, die Sie jetzt haben, einen anderen beruflichen Weg gegangen? Was hat Ihnen an Ihrer Arbeit gefallen? Wo gab es Schwierigkeiten?

Wussten Sie das?

- Getreidekörner können in einer trockenen Umgebung jahrzehntelang gelagert werden. Erst nach dem Mahlen verlieren sie die lange Haltbarkeit. Das in dem Keimling enthaltene Fett führt dazu, dass die gemahlenen Erzeugnisse mit der Zeit ranzig werden.

- Das Getreide, das heutzutage weltweit am meisten angebaut wird, ist Mais. Er wird zu einem großen Teil produziert, um ihn an Tiere zu verfüttern.

- Deutschland ist Weltmeister in Bezug auf Brotsorten: Rund 3000 verschiedene Brotspezialitäten gibt es bei uns. 2014 wurde das deutsche Brot als immaterielles Weltkulturerbe ins Verzeichnis der UNESCO aufgenommen.

- Als Getreide werden alle einjährigen Pflanzen bezeichnet, die zur Familie der Süßgräser gehören. Buchweizen, Quinoa und Amarant werden zwar wie Getreide verwendet, gehören jedoch nicht dazu, es sind sogenannte Pseudogetreide.

- Gerstenkörner sind in etwa gleich groß. Deshalb wurden sie früher als Gewichtsmaß genutzt.

Rätselideen

Zwillingswörter

Lesen Sie die folgenden Sätze vor und lassen Sie die Teilnehmenden das fehlende „Zwillingswort" ergänzen.

- Der Getreideanbau in diesem Jahr war wieder ein gemeinsames Gehen durch dick und ... ⇨ **dünn.**
- Das geerntete Korn ernährt dieses Jahr Mann und ... ⇨ **Maus.**
- Bei der Getreideernte helfen Alt und ... ⇨ **Jung.**

Vermischt

Hier wurden zwei bekannte Liedtitel miteinander vermischt. Lesen Sie den neu entstandenen Titel vor und bitten Sie die Mitmachenden, herauszufinden, welche beiden Liedtitel gesucht werden.

- Es klappert das Brot, das wir teilen.
  Lösung: „Es klappert die Mühle am rauschenden Bach" / „Wenn das Brot, das wir teilen".

Das passt noch

Hejo, spann den Wagen an

(Volkslied aus dem 19. Jahrhundert)

Hejo, spann den Wagen an,
Denn der Wind treibt Regen übers Land.
Hol die gold'nen Garben, hol die gold'nen Garben!

Es klappert die Mühle

(Kinderlied aus dem 19. Jahrhundert)

Es klappert die Mühle am rauschenden Bach, klipp-klapp
Bei Tag und bei Nacht ist der Müller stets wach, klipp-klapp
Er mahlet uns Korn zu dem kräftigen Brot,
Und haben wir dieses, dann hat's keine Not.
Klipp-klapp, klipp-klapp, klipp-klapp
Klipp-klapp, klipp-klapp, klipp-klapp

Flink laufen die Räder und drehen den Stein, klipp-klapp
Und mahlen den Weizen zu Mehl uns so fein, klipp-klapp
Der Bäcker dann Zwieback und Kuchen draus bäckt,
Der immer den Kindern besonders gut schmeckt.
Klipp-klapp, klipp-klapp, klipp-klapp
Klipp-klapp, klipp-klapp, klipp-klapp

Wenn reichliche Körner das Ackerfeld trägt, klipp-klapp
Die Mühle dann flink ihre Räder bewegt, klipp-klapp
Und schenkt uns der Himmel nur immer das Brot,
So sind wir geborgen und leiden nicht Not.
Klipp-klapp, klipp-klapp, klipp-klapp
Klipp-klapp, klipp-klapp, klipp-klapp

Heidekraut

Violettes Blütenmeer

Erika und Sarah haben die Zeit, in der die Heide blüht, schon immer geliebt. Früher rannten die Freundinnen immer durch den lichten Wald hinter ihrem Dorf und fanden sie sich plötzlich in einem Meer aus Violett wieder. Sie fanden diese Farbe herrlich. Wenn dazu noch die Sonne ihr Licht über das Farbenmeer warf, wurden daraus ganz besondere Herbstmomente, die sie immer und immer wieder neu erleben durften. In diesen Augenblicken wich die Wehmut, weil die Sommertage ihr Ende hatten, der Freude über die zauberhaften Geschenke der Herbstzeit. Noch heute erinnern sich die beiden Freundinnen besonders gerne an damals zurück und fühlen sich bei Spaziergängen durch die Heide, auch wenn sie voneinander getrennt sind, so verbunden wie eh und je.

Gesprächsimpulse

- Enge Freundschaften überdauern Jahre, einige sogar Jahrzehnte, manche halten ein Leben lang. Auf welche Freundschaften blicken Sie zurück? Wer war die erste Freundin/der erste Freund, an den Sie sich erinnern? Welche Freundschaft blieb, auch wenn für ein Zusammentreffen weite Wege aufgenommen werden mussten? Welche Werte haben Sie aus Ihren Freundschaften mitgenommen?

- Heidekraut ist eine beliebte Herbstpflanze, die der Natur einen unvergleichlichen Violettton schenkt. Mögen Sie Heidekraut? In welchen Farbtönen – eher blass oder kräftig? Welche Herbstblumen haben Sie noch gerne? Welche Blumen dürfen in Ihrem Garten oder im Blumenkasten in der Herbstzeit auf keinen Fall fehlen?

- Die Natur gleicht im Herbst einem echten Farbenspiel. Die Heide strahlt in vielen Violetttönen. Blätter verfärben sich rot, orange und gelb. Astern, Chrysanthemen und Dahlien blühen in den verschiedensten Farben. Welche Farben des Herbstes mögen Sie am liebsten? Wie fühlt sich das an, wenn die ersten Blätter sich verfärben? Welche Gefühle wecken die sich bunt färbenden Wälder zum Herbstanfang?

- Das Ende des Sommers ist bei einigen Menschen auch immer mit Wehmut verbunden. Wehmut, dass die Tage kürzer, dunkler und kälter werden. Andere wiederum freuen sich auf gemütliche Abende bei Kerzenschein, Kuscheln unter einer warmen Decke und die Bräuche und Feste, die im Herbst anstehen. Wie fühlen Sie sich zum Herbstbeginn? Blicken Sie mit Wehmut auf den Sommer zurück oder freuen Sie sich auf heißen Tee an kalten Herbstnachmittagen? Oder ist ein bisschen von beidem da?

- Welche besonderen Erinnerungen haben Sie an die Herbstzeit als Kind? Was haben Sie als Kind gerne im Herbst gemacht? Haben Sie in der Natur gespielt? Hatten Sie die Möglichkeit, in den Wald zu gehen oder durch die Felder zu streifen? Haben Sie Kastanien, Tannenzapfen oder Bucheckern gesammelt? Haben Sie Blätter getrocknet oder mit Naturmaterialien gebastelt?

Wussten Sie das?

- Heidekraut ist ein Hausmittel, das als Tee gegen Magen-Darm- und Harnwegserkrankungen hilft und bei Nieren-, Gallen- und Lebererkrankungen und rheumatischen Leiden sowie bei Erkrankungen der Atemwege und gegen Unruhe eingesetzt wird.

- Heidekraut kann als Strauch oder Baum bis zu zehn Meter hoch werden.

- Bekannt sind um die verschiedenen 850 Heidekraut-Arten. Die meisten sind in Südafrika beheimatet. Ihren Namen „Erica“ verdankt die Gattung Carl von Linné, einem schwedischen Naturforscher aus dem 18. Jahrhundert.

- Der Film „Grün ist die Heide“ aus dem Jahr 1951 ist einer der erfolgreichsten deutschen Kinofilme und durfte als erster Film den Titel „Heimatfilm“ tragen. Der Film erhielt im Jahr 1953 einen Bambi. Er beinhaltet die Themen Glück und Liebe, Heimat und Vertriebensein und eine Gesellschaft, die in der Nachkriegszeit wieder zu sich selbst findet.

- Die Farbe Violett steht für das Geheimnisvolle und Mystische, für Ruhe, Innehalten und Kreativität. Im 19. Jahrhundert wurde Violett zur Farbe der Frauenbewegung.

Rätselideen

Satz mit Wörtern bilden

Bitten Sie die Teilnehmer, einen Satz zu bilden, der die folgenden drei Wörter beinhaltet. Wenn Sie die Übung leichter gestalten möchten, geben Sie nur zwei Wörter oder ein Wort vor.

Heide – Herbst – blüht

Dinge, die violett sind

Die Farbe Violett gilt als geheimnisvoll, beruhigend und symbolisiert Kreativität und Diplomatie. Finden Sie Dinge, die genauso violett sind wie die Heide.

Beispiellösungen: Weintraube, Aubergine, Amethyst, Krokus, Tulpe, Rose, Flieder, Lavendel.

Das passt noch

Herbst (1847/48)

von Theodor Storm

Schon ins Land der Pyramiden
Flohn die Störche übers Meer;
Schwalbenflug ist längst geschieden,
Und die Sonne scheint nicht mehr.

Seufzend in geheimer Klage
Streift der Wind das letzte Grün;
Und die süßen Sommertage,
Ach, sie sind dahin, dahin!

Nebel hat den Wald verschlungen,
Der dein stilles Glück gesehn;
Ganz in Duft und Dämmerungen
Will die schöne Welt vergehn.

Nur noch einmal bricht die Sonne
Unaufhaltsam durch den Duft,
Und ein Strahl der alten Wonne
Rieselt über Tal und Kluft.

Und es leuchten Wald und Heide,
Dass man sicher glauben mag:
Hinter allem Winterleide
Liegt ein ferner Frühlingstag.

Die Sense rauscht, die Ähre fällt,
Die Tiere räumen scheu das Feld,
Der Mensch begehrt die ganze Welt.

Und sind die Blumen abgeblüht,
So brecht der Äpfel goldne Bälle;
Hin ist die Zeit der Schwärmerei,
So schätzt nun endlich das Reelle!

Hirsche

Das Geweih

Mit seinem Opa war Johannes schon oft im Wald gewesen, aber noch nie hatten sie eine so wundervolle Entdeckung gemacht wie heute. Sie waren schon einige Zeit abseits der Wege unterwegs, als Johannes auf ein knöchernes Gebilde stieß. Er näherte sich vorsichtig und schaute seinen Opa ungläubig an. Dieser nickte ihm zu. „Da hat der König des Waldes wohl sein Geweih abgestoßen." Vorsichtig, fast ehrfürchtig, strich Johannes mit den Fingern über das knöcherne Gebilde, das aussah, als wäre es gerade erst abgelegt worden. Er konnte kaum fassen, dass er das Geweih eines echten Hirsches berühren konnte. Es überwältigte ihn, dass vor Kurzem genau an dieser Stelle noch ein Hirsch gestanden hatte. Ein Tier, das ihm sonst so unnahbar erschien.

Gesprächsimpulse

- Haben Sie schon einmal einen Hirsch in freier Wildbahn gesehen? Oder in einem Wildpark? Erinnern Sie sich daran, wie Sie sich in diesem Moment gefühlt haben?
- Haben Sie schon einmal ein echtes Hirschgeweih aus der Nähe betrachtet oder sogar angefasst? Wie sah das Geweih aus? Wie fühlte es sich an?
- Gab es in Ihrer Familie oder in Ihrem Bekanntenkreis einen Förster oder einen Jäger?
- Der Hirsch gilt in vielen Erzählungen als der König des Waldes. Er wirkt groß, ruhig, bedacht und kann ein Beschützer sein. Gibt oder gab es in Ihrem Leben jemanden, an den Sie sich anlehnen konnten, jemand, der Ihr Ruhepol und Beschützer war?
- Der Hirsch steht in manchen Kulturkreisen für Auferstehung und Erneuerung. Was sind für Sie Momente oder Zeiten der Erneuerung? Gibt es für Sie einen Neubeginn im Jahreskreis? Haben Sie in Ihrem Leben schon einmal einen Neuanfang gewagt? Wie sah der aus?
- Gab es jemanden in Ihrer Kindheit, der Ausflüge mit Ihnen unternommen hat? Oder jemanden, mit dem Sie regelmäßig eine besondere Zeit verbracht haben? Eine besondere Bezugsperson, die Sie außerhalb Ihres Elternhauses hatten? Möchten Sie von ihr erzählen?

Wussten Sie das?

- Je älter ein Hirsch ist, desto verzweigter ist sein Geweih. Ein Geweih wiegt ungefähr 6 Kilogramm, bei älteren Hirschen sogar zwischen 15 und 25 Kilogramm.

- Die erwachsenen Tiere leben bei den Hirschen meist nach Geschlechtern getrennt. Die Weibchen bilden mit ihren Jungtieren ein Rudel, das von einer älteren Hirschkuh geleitet wird. Die Männchen sind entweder in kleinen Gruppen oder als Einzelgänger unterwegs.

- Nachdem die männlichen Hirsche ihr altes Geweih abgeworfen haben, wächst einige Monate später das neue nach. Anfangs ist dieses noch mit einer Haut aus Bast überzogen, die sich dann nach und nach abstreift. Dafür reiben die Hirsche ihr Geweih zum Beispiel an Baumstämmen.

- Die Verwandten des Hirschs sind das Reh und der Elch. Das Reh ist nicht der weibliche Hirsch. Weibliche Hirsche nennt man Hirschkühe.

- Weil der Hirsch in regelmäßigen Abständen sein Geweih abwirft und es nachwächst, steht er für Auferstehung und Erneuerung. Im Christentum symbolisiert der Hirsch die nach Heil suchende Seele, steht für Schnelligkeit und Gewandtheit und wird als der Gegner des Teufels dargestellt.

Rätselideen

Quizfragen

Lesen Sie die Quizfragen vor und lassen Sie die Lösung erraten. Bei fitteren Teilnehmenden müssen Sie bei Frage 1 und 2 eventuell keine Lösungsvorschläge nennen, um die Antwort zu erhalten. Wenn es für die Teilnehmenden eher schwierig ist, die Quizfragen zu beantworten, können Sie nur zwei der Lösungsmöglichkeiten nennen und durch Ihre Stimme und Betonung bei der Auswahl der richtigen Lösung helfen.

Wie heißen die Mitglieder einer Hirsch-Familie?

- Bulle, Ricke und Kitz
- **Hirsch, Kuh und Kalb (Lösung)**
- Eber, Sau und Frischling

Wie oft wirft ein Hirsch sein Geweih ab?

- **jährlich nach der Paarungszeit (Lösung)**
- alle zwei Jahre im Herbst
- alle fünf Jahre im Spätsommer

Welches Organ haben Hirsche nicht?

- Leber
- Magen
- **Gallenblase (Lösung)**

Zusammengesetzte Wörter

Suchen Sie gemeinsam zusammengesetzte Wörter mit dem Wort Hirsch. **Beispiellösungen: Hirschgeweih, Hirschkäfer, Hirschhornsalz, Platzhirsch, Hirschkuh, Hirschberg, Hirschklee, Hirschjagd, Hirschbraten, Hirschziegenantilope.**

Das passt noch

Der weiße Hirsch (1815)

von Ludwig Uhland

Es gingen drei Jäger wohl auf die Birsch,
Sie wollten erjagen den weißen Hirsch.
Sie legten sich unter den Tannenbaum,
Da hatten die drei einen seltsamen Traum.

Der Erste.

Mir hat geträumt, ich klopf' auf den Busch,
Da rauschte der Hirsch heraus, husch husch!

Der Zweite.

Und als er sprang mit der Hunde Geklaff,
Da brannt' ich ihn auf das Fell, piff paff!

Der Dritte.

Und als ich den Hirsch an der Erde sah,
Da stieß ich lustig ins Horn, trara!

So lagen sie da und sprachen, die drei,
Da rannte der weiße Hirsch vorbei.
Und eh' die drei Jäger ihn recht geseh'n,
So war er davon über Tiefen und Höhn.

Husch husch! Piff paff! Trara!

Igel

Ein stacheliger Mitbewohner

Als Johanna durch den Garten ging, staunte sie über die Farbenpracht der Blätter an den Büschen und Bäumen. Unter ihren Füßen raschelte das Laub. Doch nicht nur ihre Füße brachten das Laub in Bewegung. Links neben dem Ahorn wuselte ein Igel durch das bunte Blättermeer. Vorsichtig kniete sie sich hin. Fasziniert von dem Anblick des kleinen Wesens beobachtete sie, wie sich der Igel mit seinen kurzen Beinen einen Weg durch die Blätter bahnte und mit seiner Schnuppernase nach etwas Leckerem zum Knabbern suchte. Sein stacheliger Rücken glänzte in der Herbstsonne und sah ganz weich aus. Liebevoll sah sie ihn an und genoss diesen einmaligen Augenblick.

Gesprächsimpulse

- Wenn man Glück hat, kann man Igel manchmal in der Dämmerung beobachten. Haben Sie schon einmal einen Igel in der freien Natur gesehen? Wissen Sie noch, wo das war?

- Durch Krankheiten oder körperliche Schwäche haben es manche Igel schwer, aus eigener Kraft durch den Winter zu kommen. Haben Sie schon einmal einem Igel beim Überwintern geholfen?

- Laub- und Reisighaufen bieten Igeln im Herbst und Winter einen wunderbaren Unterschlupf. Haben Sie solche Igelquartiere in Ihrem Garten liegen lassen?

- Eine Igelfrisur war in den 1990er Jahren bei den jüngeren Männern sehr modern. Erinnern Sie sich an besondere Frisuren, die Sie gerne getragen haben? Was ist Ihnen bei Ihrer Frisur wichtig?

- Wenn es gefährlich wird, rollen sich Igel zusammen, so dass sich ihr Stacheln aufstellen. Im Inneren ist der Igel geschützt. Gab es Situationen, in denen Sie sich gerne wie ein Igel zusammengerollt und ihre Stacheln gezeigt hätten? Was machen Sie, um sich sicher und geborgen zu fühlen?

Wussten Sie das?

- In der Antike wurden Igel als Haustiere gehalten. Im Mittelalter hingegen galten sie als durchtrieben und dämonisch.
- Das Gebiet, das ein Igel bewohnt und durchstöbert, kann bis zu 100 Hektar groß sein. Das entspricht ungefähr 130 Fußballfeldern.
- Igel sind gute Schwimmer, Kletterer und können sehr schnell laufen, wenn es nötig ist.
- Während ihres Winterschlafs wachen Igel ungefähr alle 30 Tage einmal kurz auf.
- Außerhalb der Paarungszeit sind Igel lieber Einzelgänger.

Rätselideen

Anagramm

Bilden Sie gemeinsam aus den Buchstaben des Wortes „Laubhaufen“ so viele neue Wörter wie möglich.

Beispiellösungen: Haube, Laube, Huf, Bau, flau, Lauf, Ben, bauen, blau, hauen.

Synonyme

Die Stacheln dienen dem Igel zur Verteidigung und piksen, wenn man sie an den Enden berührt. Finden Sie Wörter, mit denen man diese Eigenschaft der Stacheln beschreiben kann.

Beispiellösungen: stachelig, spitz, stechend, borstig, dornig.

Das passt noch

Bewaffneter Friede (1904)

von Wilhelm Busch

Ganz unverhofft an einem Hügel
Sind sich begegnet Fuchs und Igel.
Halt, rief der Fuchs, du Bösewicht!
Kennst du des Königs Order nicht?
Ist nicht der Friede längst verkündigt,
Und weißt du nicht, dass jeder sündigt,
Der immer noch gerüstet geht?
Im Namen seiner Majestät
Geh her und übergib dein Fell.
Der Igel sprach: Nur nicht so schnell.
Lass dir erst deine Zähne brechen,
Dann wollen wir uns weiter sprechen!
Und allsogleich macht er sich rund,
Schließt seinen dichten Stachelbund
Und trotzt getrost der ganzen Welt
Bewaffnet, doch als Friedensheld.

Kartoffeln

Die Kartoffelernte

Jeden Herbst erntete Julia mit ihrem Opa die Kartoffeln. Die beiden freuten sich auf die gemeinsame Zeit, die für sie etwas ganz Besonderes war. Ihr Opa lockerte die Erde auf und holte die Kartoffeln an die Oberfläche. Dann nahm Julia die Kartoffeln vorsichtig heraus und legte sie auf den Weg zwischen den Beeten. Sie mochte den Duft der frischen Erde. Die beiden arbeiteten Hand in Hand und verstanden sich wortlos. Julia genoss jeden Augenblick. Abends saßen sie zusammen im Garten und genossen glücklich und zufrieden ihre Bratkartoffel von den ersten selbst geernteten Kartoffeln des Jahres.

Gesprächsimpulse

- Haben Sie schon einmal selbst Kartoffeln geerntet oder bei der Kartoffelernte zugesehen? Welche Erinnerungen haben Sie an diese Erlebnisse? Wer war bei Ihnen?
- An was denken Sie bei dem Duft frischer Erde? Mögen Sie den Duft? Welche Erinnerungen werden bei Ihnen geweckt, wenn Sie frische Erde zwischen Ihren Fingern spüren?
- Es gibt viele verschiedene Zubereitungsformen für Kartoffeln. Wie mögen Sie Kartoffeln am liebsten? Wie hat sich Ihr Geschmack im Lauf Ihres Lebens verändert?
- Gibt/gab es in Ihrem Leben jemanden, mit dem Sie sich wortlos verstehen bzw. verstanden haben? Wer war das? Wie sah Ihre besondere Verbindung aus?
- Welche Erfahrungen haben Sie mit der Lagerung und der Zubereitung von Kartoffeln gemacht? Wie wurden sie am besten gelagert? Mit welchem Messer und welcher Technik haben Sie Kartoffeln am liebsten geschält?

Wussten Sie das?

- Die Kartoffel stammt aus Amerika und es brauchte einige Zeit, bis sie in Europa zu ihrer Beliebtheit fand. Durch die giftigen Anteile geriet sie zunächst als „Hexenpflanze" in Verruf. Mitte des 17. Jahrhunderts wurden die ersten Kartoffeln in Bayern angebaut, aber auch schnell wieder verboten. Im 18. Jahrhundert verfügte Friedrich der Große, dass ein Zehntel der Ackerfläche mit Kartoffeln bewirtschaftet werden sollten, um die wiederkehrenden Hungersnöte zu bekämpfen, denn im Vergleich zur benötigten Ackerfläche ist die Kartoffel sehr ertragreich. Diese Verfügung ist als „Kartoffelbefehl" bekannt.

- Kartoffeln, die kleiner sind als eine per Gesetz festgelegte Größe, werden unabhängig von ihrer Sorte „Drillinge“ genannt.
- Kartoffeln gibt es in vielen Farben und Formen, es gibt mehrere tausend Sorten. Die Farbpalette reicht von dem bei uns bekannten Gelb über Rot und Violett bis hin zu fast Schwarz.
- Die Kartoffel ist so beliebt, dass es sogar einen „Tag der Kartoffel“ gibt. In Deutschland feiert man ihn am 19. August.
- Mit der Süßkartoffel ist die Kartoffel nur entfernt verwandt, viel näher stehen ihr Tomate, Paprika und Tabak.

Rätselideen

Redewendung zum Thema

Kennen Sie die bekannte Redewendung „Für jemanden die Kartoffeln aus dem Feuer holen“?

- Was bedeutet die Redewendung?
  Beispiellösung: Für jemanden eine unbeliebte oder unangenehme Aufgabe erledigen.
- Kennen Sie Sprichwörter und Redewendungen, die das Gegenteil bedeuten?
  Beispiellösungen: „Jemanden ins offene Messer laufen lassen“, „Jemanden im Stich lassen“.

Zungenbrecher

Sprechen Sie gemeinsam den Zungenbrecher: „Der kahle Karl kauft kaltgestampfte Kartoffeln, kaltgestampfte Kartoffeln kauft der kahle Karl. Kauft der kahle Karl kaltgestampfte Kartoffeln?“

Im Mittelpunkt steht der gemeinsame Spaß und nicht die fehlerfreie Aussprache.

Das passt noch

Die Kartoffel (1814)

(Tagebucheintrag von Johann Wolfgang von Goethe)

Morgens rund,
mittags gestampft,
abends in Scheiben –
dabei soll’s bleiben.
Es ist gesund.

Kastanien

Die ersten Kastanien

Das Sonnenlicht bahnte sich seinen Weg durch die Blätter. Es war ein herrlicher Oktobertag. Die große Kastanie stand an einer Kreuzung neben einer alten Gaststätte. Alexander war überglücklich, als er auf dem Rückweg von der Schule die ersten Kastanien auf dem Boden liegen sah. Er steckte so viele Kastanien wie möglich in seine Hosentaschen. Sie waren gerade aus ihrer stacheligen Hülle gesprungen und noch ganz glatt. Er nahm eine in die Hand und strich über die braune, glatte Oberfläche. Er mochte das Gefühl. Mit den Fingerspitzen streichelte er die etwas raue, helle Stelle oben an der Kastanie. Er behielt sie in der Hand und atmete tief ein. Sein Blick wanderte in die vom Sonnenlicht durchflutete Baumkrone.

Gesprächsimpulse

- Das Kastaniensammeln gehört für viele zu einem festen und beliebten Ritual im Herbst. Erinnern Sie sich an das Kastaniensammeln in Ihrer Kindheit? Wissen Sie noch, was für ein Gefühl Sie dabei hatten? Haben Sie mit den eigenen Kindern auf Spaziergängen Kastanien gesammelt?

- Kastanien haben, wenn sie frisch aus der Hülle kommen, eine ganz glatte und meist noch etwas feuchte Oberfläche. Dieses Gefühl in den Händen gehört zu unseren Herbsterinnerungen. Gibt es etwas, das Sie im Herbst gerne berühren oder in die Hand nehmen? Ein Material, das Sie gerne spüren und das nur im Herbst vorkommt oder im Herbst gebraucht wird?

- Die große Kastanie in der Geschichte steht neben einer alten Gaststätte. Gab es in Ihrem Leben einen Treffpunkt, der ein Verbindungspunkt in der Stadt oder dem Dorf war, in dem Sie gelebt haben? Wen haben Sie dort getroffen? In welcher Gemeinschaft sind Sie groß geworden?

- Der Lichteinfall der Sonnenstrahlen im Herbst ist ein ganz besonderer. Kennen Sie solche besonderen Momente, die nur im Herbst sichtbar und spürbar sind? Welche Augenblicke sind bzw. waren das für Sie?

- Kastanienbäume stehen schon viele Jahre an ihrem Platz und begleiten uns meist schon eine lange Zeit. Viele von uns sind mit Bäumen aufgewachsen, die es immer noch gibt. Bäume, die wahrscheinlich auch noch da sein werden, wenn wir selbst es nicht mehr sind. Gibt es für Sie einen Baum, den Sie schon sehr lange kennen? Einen Baum, der Sie ein langes Stück auf Ihrem Lebensweg begleitet hat? Was ist das für ein Baum? Wo steht er? Welche Erinnerungen verbinden Sie mit ihm?

Wussten Sie das?

- In Bayern stehen in vielen Biergärten Kastanienbäume. Das liegt daran, dass die Brauereiinhaber die Fässer früher in Bierkellern unter der Erde lagerten. Um die unterirdischen Bauten vor der Sommersonne zu schützen und sie möglichst kühl zu halten, wurden Kastanien gepflanzt.

- Die runden Rosskastanien sind für Menschen giftig, die flachen Edelkastanien dagegen gelten heute oft als Delikatesse. Man kennt sie auch unter dem Namen „Maronen".

- Im 17. Jahrhundert dienten Edelkastanien oft als billiges Nahrungsmittel. In Jahren mit Ernteausfällen waren sie für die armen Bauern eine sichere und gute Alternative, um sich zu ernähren. Das Fällen von Edelkastanienbäumen stand deshalb unter Strafe.

- Ein Kastanienbaum im Hinterhof spendete Anne Frank in ihrem Versteck vor den Nationalsozialisten Trost und Hoffnung. Sie beschrieb ihn in ihrem Tagebuch. Der Baum fiel im Jahr 2010 während eines Unwetters um. Eine Initiative ließ daraufhin im Gedenken an Anne Frank weltweit rund 100 neue Kastanienbäume pflanzen.

- Die Redewendung „Für jemanden Kastanien aus dem Feuer holen" (auch abgeändert als „Kartoffeln aus dem Feuer holen") beruht auf einer Fabel von Jean de La Fontaine [siehe S. 75], in der sich ein Affe von einem Kater Kastanien aus dem Feuer holen lässt, um sie danach selbst zu essen. Sie bedeutet, dass man eine unangenehme Aufgabe für jemanden übernimmt, ohne selbst einen Vorteil davon zu haben.

Rätselideen

Wörter, die mit „Ka“ beginnen

Finden Sie Wörter, die wie „Kastanie“ mit dem Buchstabenpaar „Ka“ beginnen.

Beispiellösungen: Kanon, Kappe, Kanzlei, Kabarett, Kabel, Kabine, Kamin, Karminrot, Kamel, Kabinett, Karl, kandidieren, kamen.

Synonyme

Kastanien fallen vom Baum, wenn sie reif sind. Finden Sie Wörter, die ein Synonym für „fallen“ oder „sich in der Luft aufhalten“ sind.

Beispiellösungen: stürzen, segeln, fliegen, gleiten, purzeln, zu Fall kommen, schweben.

Das passt noch

Der Affe und der Kater (1679)

von Jean de La Fontaine

Bertrand und Raton – dieser war ein Kater,
Jener ein Affe – waren Hausgenossen
Desselben Herrn; trotz ihrer argen Possen
War er dem Paar ein guter Pflegevater.
Sie fürchteten kein peinliches Gericht.
Fand man im Hause einen Schaden,
So brauchte den Verdacht man nicht
Unschuldigen Nachbarn aufzuladen.
Bertrands Zerstörungslust war groß,
Und Raton mochte Käse gerne leiden
Und ging auf diesen statt auf Mäuse los.
Einst sahen unsre lockren beiden
Kastanien im Kamine rösten.
Ach, wie ergaunert man sie bloß?
Der Spaß wär zwiefach: erstens trösten

Sie dessen Gaumen, der mit Lust sich dran vergnügt,
Und zweitens wird Verdruß dem dritten zugefügt.
Zu Raton sagte Bertrand alsogleich:
„Hier, Brüderlein, mach deinen Meisterstreich
Und hol sie uns. O hätte Gott mich Affen,
Kastanien aus der Glut zu scharrn, erschaffen,
So hätten wir schon unsre Freude dran!"
Raton war stolz. Er nickte und begann
Ganz sacht die Asche mit der Pfote zu entfernen.
Er zog die Krallen schnell zurück.
Ach, solche Arbeit war ein heißes Stück!
Indes, er mühte sich, die neue Kunst zu lernen,
Und legte nach und nach Kastanien frei.
Die erste flog heraus, es folgten zwei und drei,
Und Bertrand hinter ihm ergriff und knackte sie.
Da kam die Magd und schimpfte auf das Vieh
Und hat das Gaunerpaar geschwind geschieden.
Man sagt, Raton war unzufrieden.
So sind es meistens auch die Prinzen,
Die, stolz des Amts, wozu man sie ernannt,
Für einen König sich in den Provinzen
Die Finger haben arg verbrannt.

Krähen

Die Krähe

Die Luft wurde langsam herbstlich. Thomas saß auf den Stufen vor dem Haus und schaute auf die große Wiese, die von Buchen umringt war. Die Blätter hatten sich schon verfärbt. Er beobachtete eine Krähe, die über die Wiese hüpfte und hier und da nach Futter suchte. Sie war fündig geworden und zupfte mit ihrem Schnabel konzentriert kleine Stückchen ab. Thomas bewunderte das schwarz-glänzende Gefieder. Er kannte Raben und Krähen aus der einen oder anderen Geschichte über Hexen und Zauberer. Darin waren sie stets weise und treue Begleiter. Ob die Krähe das ahnte? Thomas genoss die frische Herbstluft um sich herum und beobachtete den schwarzen Vogel, der in aller Ruhe seines Weges hüpfte.

Gesprächsimpulse

- Welche Verbindung haben Sie zu Krähen und Raben? Mögen Sie die Vögel und schätzen Sie sie als intelligent und weise ein oder denken Sie eher an den sogenannten Unglücksraben?

- Beobachten Sie gerne Vögel? Wenn ja, welche Vögel beobachten sie gerne? Welche Vogelarten mögen Sie besonders?

- Krähen und Raben sind in Geschichten oft sehr weise Charaktere. Gibt oder gab es in Ihrer Familie, in Ihrem Freundes- oder Bekanntenkreis jemanden, der weise ist/war und auf dessen Meinung oder Einschätzung Sie sich verlassen konnten?

- In der Geschichte „Die kleine Hexe“ von Ottfried Preußler ist der Rabe Abraxas der beste Freund der kleinen Hexe. Er kann sprechen, ist klug, gibt ihr Ratschläge und hilft ihr, ihre Hexenkünste zu verbessern. Kennen Sie die Geschichte? Haben Sie sie gerne gehört? Welchen Charakter aus der Geschichte „Die kleine Hexe“ mögen Sie am liebsten?

- Hätten Sie als Kind gerne zaubern können? Wissen Sie noch, was Sie gerne verzaubert hätten? Wofür würden Sie heute gerne Zauberkräfte einsetzen können?

Wussten Sie das?

- Raben und Krähen gehören zu den intelligentesten Vögeln. Ihnen wird ein Planungsvermögen nachgesagt und die Fähigkeiten, zu lernen, sich Dinge zu merken, Werkzeuge zu benutzen und sich in andere hineinzuversetzen.

- Raben können Geräusche sehr gut nachahmen und in Gefangenschaft sogar „sprechen“ lernen.

- Elstern, die zu den Rabenvögeln gehören, bauen immer mehrere Nester. Ihre Eier legen sie aber nur in einem ab. Die leerstehenden Nester werden gerne von anderen Vögeln genutzt, die selbst keine bauen.

- Bevor Noah in der Geschichte der Sintflut eine Taube fliegen ließ, die nach einiger Zeit den hoffnungsvollen Zweig des Ölbaums mitbrachte, schickte er einen Raben los.

- Rabenvögel sind Aasfresser. Sie kümmern sich um ein gutes biologisches Gleichgewicht.

- In der nordischen Mythologie gilt der Rabe als sehr weise, Elstern aber als Todesboten. In Asien ist die Elster ein Glücksbringer. Bei den amerikanischen Ureinwohnern gilt eine bestimmte Elsternart als Naturgeist, der in Kontakt zu Menschen treten kann. Im Mittelalter waren Raben als Galgenvögel bekannt.

Rätselideen

Satz mit Wörtern bilden

Bitten Sie die Teilnehmenden, einen Satz zu bilden, der die folgenden drei Wörter beinhaltet. Wenn Sie die Übung leichter gestalten möchten, geben Sie nur zwei Wörter oder ein Wort vor.

Krähen - Gefieder - glänzend

Assoziation

Das Gefieder der Krähen glänzt in einem edlen Schwarz. Welche anderen Dinge sind schwarz oder können eine schwarze Farbe haben?

Beispiellösungen: Kohle, Ruß, Pinguin, Dominostein, Autoreifen, Schornsteinfeger, Amsel, Wimperntusche, Pfeffer, Pupille.

Das passt noch

Krähen bei Sonnenaufgang (1897)

von Christian Morgenstern

Noch flieht der Blick des jungen Tags
der Berge nebelgraue Gipfel,
und schon entschwebt, gemess'nen Schlags,
die erste Krähe ihrem Wipfel.

Der schwankt, befreit von schwerer Last,
dass rings die Zweige sich bewegen:
Fahlsilbern sprüht von Ast zu Ast
des Frühtaus feiner Flüsterregen.

Doch eh' sein Flüstern noch erstickt,
enttönt ein „Krah" dem stillen Raume:
Der Vogel hat am Wolkensaume
das erste blasse Rot erblickt.

Auf allen Wipfeln wacht es auf
und schüttelt sich und ruft nach Taten ...
In lautem Streiten und Beraten
erhebt sich endlich Hauf um Hauf.

Nur zwei Gewitzte warten schlau,
bis alles nach und nach verstoben,
sie wissen einen nahen Bau,
den gestern Jäger ausgehoben.

Ein Käuzleinflügel harrt hier noch,
die Kecken lecker zu belohnen –:
Das Paar umkreist erregt das Loch ...
Braungolden glänzt das Meer der Kronen ...

Laternen

Ein Lichtermeer in der Dunkelheit

Für Petra war dieser Moment einer der schönsten im Jahr. Nach und nach flammten immer mehr Lichter auf, als die Kerzen in den Laternen entzündet wurden. Gerade noch war die Sonne der Dunkelheit gewichen, jetzt wurde die Nacht wieder hell. Dieses hoffnungsvolle Bild rührte sie. Jedes Jahr erfüllten die warmen Farben die Dunkelheit aufs Neue mit Zuversicht. So viele liebevoll gestaltete Laternen in den Kinderhänden, die voller Lebensfreude und Mut waren und für die diese wundervollen Momente etwas ganz Großes bedeuteten. Lange genoss Petra dieses Bild und blieb ganz ruhig stehen. Dann zündete sie die Kerze in ihrer Laterne an und ging hinter dem Lichtermeer her.

Gesprächsimpulse

- Laternen bringen Licht in die Dunkelheit. Licht ist für viele Menschen ein Zeichen von Hoffnung. Was empfinden Sie, wenn Sie im Herbst das Licht einer Laterne oder einer Kerze entzünden? Welche Erinnerungen werden wach?

- Haben Sie früher mit Ihren Kinder Laternen für den Martinsumzug selbst gebastelt? Erinnern Sie sich an Motive, die Sie gebastelt haben? Wie war das in Ihrer Kindheit? Wurden die Laternen mit Ihnen gemeinsam gebastelt?

- Welche Traditionen haben Sie an St. Martin gelebt? Erinnern Sie sich an Martinsumzüge? Wie haben Sie diesen Brauch über die Jahre gestaltet?

- In der Geschichte wird von Kinderhänden erzählt, die voller Mut und Lebensfreude sind. Haben Sie Erinnerungen daran, wie Sie Ihre Kindheit verbracht haben? Waren Sie ein selbstbewusstes, lebensfrohes Kind? Welche Ziele hatten Sie als junger Mensch? Sind Sie, was die Zukunft anging, eher unbeschwert groß geworden?

- Wie haben Sie Ihre eigenen Kinder beim Großwerden wahrgenommen? Sind Ihre Kinder Ihnen ähnlich gewesen?

- Manche Momente des Lebens lernt man erst im Alter zu schätzen. Wie geht es Ihnen? Gibt es Augenblicke, die Sie jetzt mehr schätzen, genießen und lieben können als früher? Welche sind das?

Wussten Sie das?

- Das mehrtägige chinesische Neujahrsfest wird traditionell mit einem Laternenfest abgeschlossen. An diesem Feiertag werden überall im Land kunstvoll gestaltete Laternen beleuchtet und ausgestellt und die Kinder spielen mit ihren selbst gebastelten oder gekauften Laternen in den Straßen.

- Himmelslaternen, auch Glücks- oder Wunschlaternen genannt, sind leichte Lampions, die in die Luft aufsteigen. Sie wurden in China vor fast 2000 Jahren als Kommunikationsmittel verwendet und gelten als die ältesten Heißluftballons der Welt.

- In einigen islamisch geprägten Ländern werden im Fastenmonat Ramadan Laternen als Dekorationselemente verwendet.

- Die Laternen am Martinstag sind den Laternen der Nachtwächter nachempfunden, die ab dem Mittelalter eingesetzt wurden, um in der Dunkelheit für die Sicherheit der Menschen auf den Straßen zu sorgen.

- Rund um den Martinstag gibt es einige Bauernregeln. So soll der Winter bei Schneefall am Martinstag lang und hart werden und bei nebeligem Wetter mild verlaufen.

Rätselideen

Passende Adjektive

Suchen Sie gemeinsam mit den Teilnehmenden Adjektive, mit denen man Laternen beschreiben kann. Berücksichtigen Sie dabei viele Wahrnehmungskanäle.

- Wie sieht eine Laterne aus?

- Wie fühlt sich eine Laterne an?

Beispiellösungen: bunt, leuchtend, eckig, rund, groß, klein, leicht, fragil, außergewöhnlich, heiß.

Was passiert als Nächstes?

Beschreiben Sie den Teilnehmenden folgende kleine Szene und bitten Sie sie anschließend, ihre Fantasie spielen zu lassen. Was könnte als Nächstes passieren?

Ein Junge geht mit seiner selbst gebastelten Laterne am Ende eines Martinszuges. Er geht sehr langsam und vorsichtig, damit der Laterne auch nichts geschieht. Nach einiger Zeit gesellt sich ein Mädchen zu ihm. Sie geht mit ihrer Laterne genauso umsichtig um. Die beiden sehen sich an. Dann ...

Das passt noch

Laterne, Laterne

(Kinderlied)

Laterne, Laterne,
Sonne, Mond und Sterne.
Brenne auf mein Licht,
Brenne auf mein Licht,
aber nur meine liebe Laterne nicht.

Laterne, Laterne,
Sonne, Mond und Sterne.
Sperrt ihn ein, den Wind,
Sperrt ihn ein, den Wind,
er soll warten, bis wir alle zu Hause sind.

Laterne, Laterne,
Sonne, Mond und Sterne.
Bleibe hell, mein Licht,
Bleibe hell, mein Licht,
denn sonst strahlt meine liebe Laterne nicht!

Laub

Raschelndes Laub

Matthias breitete seine Arme aus. So wohl hatte er sich schon lange nicht mehr gefühlt. Er schaute in den bunten Blätterhimmel über sich. Gleichzeitig spürte er das Laub unter seinem Körper. Es fühlte sich angenehm weich an. Und es raschelte hier und da. Er schaute neben sich. Wer in diesem Blätterhaufen wohl alles wohnte? Matthias schmunzelte und sah wieder nach oben. Schon lange hatte er nicht mehr so unbeschwert auf dem Waldboden gelegen. Es duftete herrlich vertraut und es sah wundervoll aus. Matthias liebte die Farbenpracht des Herbstes. Und er liebte die Nähe zur Natur. Nichts brachte ihm eine engere Verbundenheit als so ein Bad im Blättermeer.

Gesprächsimpulse

- Die Herbstzeit schafft bei vielen eine enge Verbindung zur Natur. Veränderungen werden sichtbar, spürbar und mit allen Sinnen erlebbar. Wie empfinden Sie den Herbst? Ist der Herbst für Sie mehr Abschied oder Neuanfang?

- Haben Sie als Kind in Blätterhaufen gespielt? Erinnern Sie sich an das Rascheln des Laubs im Wald oder im Garten? Welche Erinnerungen werden bei Ihnen bei diesen Gedanken geweckt?

- Was haben Sie früher im Herbst mit Laub gemacht? Haben Sie Blätter getrocknet? Haben Sie heruntergefallene Blätter angemalt und damit auf Papier gedruckt? Wurden Laubhaufen für Igel zusammengetragen?

- Unter einem Baum zu liegen und die Blätter anzusehen, ist herrlich. Im Herbst kommen die wunderschönen Farbverläufe dazu. Welche Wunder der Natur verzaubern Sie? Was mögen Sie im Herbst am liebsten?

- Welche Phasen in Ihrem Leben haben Sie als unbeschwert erlebt? Gab es Zeiten, in denen Sie wenig oder keine Sorgen hatten? Wem konnten Sie Ihre Sorgen erzählen? Mit welchen Menschen haben Sie Ihre Freude geteilt?

Wussten Sie das?

- Liegen gelassenes Laub bietet in kalten Wintermonaten vielen Tieren Unterschlupf. Im Frühjahr wird es von den Kleinstlebewesen abgebaut und in Humus verwandelt, der den Garten mit Nährstoffen versorgt.

- Wenn man trotzdem Laubhaufen aus dem Garten entfernen will, ist es besser, das mit Rechen und Besen zu erledigen und nicht mit dem Laubsauger, um die darin lebenden kleinen Tiere zu schützen.

- Bäume und Sträucher werfen im Herbst ihre Blätter ab, um sich auf den bevorstehenden Wassermangel im Winter vorzubereiten. Über die Blätter verdunsten sie stetig Wasser, aber wenn der Boden gefroren ist, kommt nicht genug Wasser nach. Das Abwerfen der Blätter verhindert, dass die Bäume dieses überlebenswichtige Wasser verlieren.

- Nadelbäume werfen ihre Blätter nur alle paar Jahre ab und nicht alle auf einmal, sodass sie nicht kahl werden. Da die Oberfläche der Nadeln nicht so groß ist und die Nadeln eine schützende Wachsschicht besitzen, verdunstet über sie nicht viel Wasser.

- Der Altweibersommer Ende September/Anfang Oktober gilt als das letzte warme Ausklingen des Sommers. Das trockene und warme Wetter intensiviert die bunte Verfärbung des Laubs und den Laubfall.

Rätselideen

Gegenteile finden

Laub kann viele Eigenschaften haben. Finden Sie Gegenteile zu den folgenden Eigenschaften von Laub:

- bunt, nass, rutschig, leicht
  Beispiellösungen: bunt – einfarbig, nass – trocken, rutschig – fest, leicht – schwer.

Buchstabieren

Lassen Sie die Teilnehmenden verschiedene Bäume buchstabieren, die im Herbst ihre Blätter fallen lassen. Kürzere Wörter sind einfacher zu buchstabieren. Wer besonders fit ist, kann die Wörter auch rückwärts buchstabieren.
Geeignete Beispielwörter: Ahorn, Buche, Kastanie, Eiche, Esche, Weide, Linde, Ulme, Birke, Erle.

Das passt noch

Bunt sind schon die Wälder

(Volkslied aus dem 18. Jahrhundert)

Bunt sind schon die Wälder,
gelb die Stoppelfelder,
und der Herbst beginnt.
Rote Blätter fallen,
graue Nebel wallen,
kühler weht der Wind.

Wie die volle Traube
aus dem Rebenlaube
purpurfarbig strahlt!
Am Geländer reifen
Pfirsiche, mit Streifen
rot und weiß bemalt.

Flinke Träger springen,
und die Mädchen singen,
alles jubelt froh!
Bunte Bänder schweben
zwischen hohen Reben
auf dem Hut von Stroh.

Geige tönt und Flöte
bei der Abendröte
und im Mondesglanz;
junge Winzerinnen
winken und beginnen
frohen Erntetanz.

Möhren

Möhrendurcheinander

Das beste Möhrendurcheinander gab es bei Christinas Oma. Wann immer sie bei Oma zu Besuch war, wünschte sie sich zum Mittagessen genau das. Mit den Möhren und Kartoffeln aus dem eigenen Garten schmeckte es besonders gut. Christina liebte den Duft des frischen Gemüses. Während Oma summend am Herd stand und kochte, saß Christina neben ihr auf der Arbeitsplatte und knabberte frisch geschnittene Möhrenstifte. Sie schmeckten süß, waren in ein kräftiges Orange gehüllt und hatten diesen einzigartigen Geschmack, den nur die Möhren aus dem Garten hatten. Christina genoss diese Augenblicke, in denen es nur Oma und sie gab. Und die frischen Möhren.

Gesprächsimpulse

- Haben Sie Gemüse im eigenen Garten angebaut? Welches Gemüse war das? Wie wurde es angebaut? Wissen Sie, wie Sie Möhren erfolgreich anbauen können?

- Wie essen Sie Möhren am liebsten? Roh oder zubereitet? Welches Möhrengericht essen Sie am liebsten?

- Welche besonderen Momente oder Rituale verbinden Sie mit Ihren Großeltern? Gab es eine besondere Beziehung zwischen Ihnen und Ihrer Großmutter oder Ihrem Großvater? Welche Erinnerungen haben Sie an Ihre Großeltern?

- Gibt es ein Gericht, das Sie mit Ihrer Kindheit verbinden? Einen Geschmack, an den besondere Erinnerungen geknüpft sind? Wer hat dieses Gericht zubereitet? Mögen Sie es immer noch so gerne wie früher? Haben Sie die Zubereitung irgendwann selbst übernommen?

- Gab es in Ihrem Leben jemanden, der bei bestimmten Tätigkeiten gesummt oder gesungen hat? Wer war das? War das Hören der Melodien ein angenehm vertrautes Gefühl? Oder hat es auch gestört? Summen oder singen Sie selbst bei bestimmten Tätigkeiten? Wenn ja, in welchen Momenten? Geht es Ihnen in diesen Augenblicken gut oder eher nicht?

Wussten Sie das?

- Die orangefarbene Möhre, so wie wir sie kennen, gibt es erst seit dem 17. Jahrhundert. Vorher waren Möhren violett. Es wird vermutet, dass die orangefarbene Möhre in den Niederlanden entstanden ist.

- Möhren enthalten eine große Menge an Vitamin A. Da das Vitamin fettlöslich ist, sollten Möhren immer mit etwas Fett zubereitet und verzehrt werden, um eine größtmögliche Nährstoffaufnahme zu gewährleisten.

- Möhren gehören deutschlandweit und auch weltweit zu den wichtigsten und beliebtesten Gemüsearten. Sie enthalten viele Vitamine und haben einen hohen Ballaststoffgehalt, sind sättigend und gut verdaulich.

- Möhren werden bei Verdauungsbeschwerden eingesetzt. Ihr hoher Kaliumgehalt wirkt harntreibend. Das darin enthaltene Pektin wirkt Stuhlfestigend und die ätherischen Öle hemmen das Wachstum von Bakterien.

- Möhren oder Karotten? Einen botanischen Unterschied gibt es nicht. Es handelt sich lediglich um zwei Bezeichnungen für das gleiche Gemüse. In Süddeutschland sagt man eher „Karotte", im Rest Deutschlands eher „Möhre".

Rätselideen

Stichworträtsel

Lesen Sie die Stichwörter langsam vor und lassen Sie die Teilnehmenden erraten, welcher Oberbegriff gesucht wird. Tipp: Alle Begriffe kann man mit Möhren herstellen.

- Getränk, flüssig, süß, gepresst ⇨ **Saft**

- Vorspeise, löffeln, schlürfen, Einlage ⇨ **Suppe**

- Teig, backen, belegen, Scheibe ⇨ **Brot**

- Beilage, gemischt, gesund, Dressing ⇨ **Salat**

Assoziation

Möhren kennen wir in einem leuchtenden Orange. Welche anderen Blumen, Pflanzen, Tiere, Gemüse- und Obstsorten kennen Sie, die leuchtend orange sind oder sein können?
Beispiellösungen: Orange/Apfelsine, Mandarine, Kürbis, Ranunkel, Gerbera, Ringelblume, Goldfisch, Fuchs.

Das passt noch

Morgens früh um sechs kommt die kleine Hex'

(Kinderreim)

Morgens früh um Sechs kommt die kleine Hex'
Morgens früh um Sieben schabt sie gelbe Rüben
Morgens früh um Acht wird Kaffee gemacht.
Morgens früh um Neune geht sie in die Scheune.
Morgens früh um Zehne holt sie Holz und Späne.
Feuert an um Elfe, kocht dann bis um Zwölfe.
Fröschebein und Krebs und Fisch,
hurtig Kinder, kommt zu Tisch!

Pilze

Pilzjagd

Melanie liebte die einsamen Streifzüge durch die Wälder. Es duftete nach frischem Moos und feuchten Blättern. Nebel lag zwischen den Bäumen. Genau das richtige Wetter zum Pilze sammeln. Vorsichtig und achtsam ging sie über den Waldboden und hielt Ausschau nach frischen Pfifferlingen, Steinpilzen und Maronen-Röhrlingen. Ihr geschultes Auge erkannte rasch die giftigen Zwillinge ihrer Lieblingspilze. Den Weg in den Korb fanden nur die genießbaren Sorten. Melanie stellte sich vor, wie herrlich der Duft der angebratenen Pilze die Küche erfüllen und durch die ganze Wohnung ziehen würde. Frische Pilze in Butter gebraten und nur mit Salz und Pfeffer gewürzt waren für sie der ganz besondere und einmalige Geschmack des Herbstes.

Gesprächsimpulse

- Für das Pilzesammeln braucht man viel Erfahrung, ein geschultes Auge und jemanden, der sein Wissen weitergibt. Mögen Sie Pilze und haben Sie vielleicht schon einmal selbst welche gesammelt oder an geführten Sammlungen teilgenommen? Was ist beim Pilzesammeln besonders wichtig?

- Wie bereiten Sie Pilze am liebsten zu? Welches Gericht genießen Sie gerne nur mit Salz und Pfeffer gewürzt, weil dadurch der Eigengeschmack ganz besonders zur Geltung kommt?

- Ein feuchter Herbstwald, der vielleicht sogar mit Nebel durchzogen ist, hat eine ganz besondere Atmosphäre. Manche Menschen empfinden diese Atmosphäre als geheimnisvoll und spannend, andere fürchten sich in der grauen Umgebung, die ihnen die Sicht nimmt. Wie wäre Ihr Gefühl in solch einer Umgebung? Wäre Ihnen mulmig zumute oder würden Sie das Naturschauspiel genießen?

- Nebel nimmt uns die Weitsicht. Das kann den einen oder anderen unsicher machen. Wie ist das bei Ihnen? Wie leben Sie bzw. haben Sie gelebt? Sind Sie jemand, der Sicherheit und einen Blick für das große Ganze braucht, oder leben Sie gerne in den Tag hinein und treffen spontane Entscheidungen? Vielleicht brauchen Sie auch eine Mischung von beidem?

- Beim Pilzesammeln ist es wichtig, dass man die ungiftigen von den giftigen Pilzen unterscheiden kann. Man muss zwischen richtig und falsch unterscheiden können. Fiel es Ihnen in Ihrem Leben leicht, Entscheidungen zwischen richtig und falsch zu treffen? Haben Sie ein gutes Gefühl für den richtigen oder falschen Weg oder sind Sie jemand, dem es schwerfällt, Entscheidungen zu treffen? Wer hat Sie bei Entscheidungsfindungen unterstützt?

Wusssten Sie das?

- Steinpilze wachsen in Misch- und Nadelwäldern, Maronen-Röhrlinge stehen gerne unter Fichten und Kiefern und Pfifferlinge mögen Plätze, an denen Moos wächst.
- Pilze benötigen kein Sonnenlicht zum Wachsen. Ihre teils weitreichenden Geflechte verbreiten sich unter der Erde, manchmal sogar über einige Kilometer. Über der Erde erscheint nur der Fruchtkörper, den wir als Pilz kennen.
- Pilze und Bäume leben voneinander. Der Pilz gewinnt aus den Wurzeln der Bäume den Zucker, den er zum Wachsen braucht. Der Baum nimmt dafür wertvolle Mineralien aus den unter ihm wachsenden Pilzen auf. Diese gegenseitige Abhängigkeit nennt man Symbiose.
- Auch Schimmelpilze wachsen zum größten Teil unsichtbar unter der Oberfläche. Einige von ihnen sind für den Menschen schädlich, andere veredeln beispielsweise bestimmte Käsesorten. Die meisten Schimmelpilze leben aber ganz unauffällig, unter anderem auf toten Pflanzenteilen in den Wäldern.
- Pilze sind weder Pflanzen noch Tiere. Sie sind eine eigene Lebensform.

Rätselideen

Buchstabieren

Lassen Sie die Teilnehmenden verschiedene Pilzsorten buchstabieren. Kürzere Wörter sind einfacher zu buchstabieren. Wer besonders fit ist, kann die Wörter auch rückwärts buchstabieren.

Geeignete Beispielwörter: Pilz, Pfifferling, Champignon, Steinpilz, Marone, Fliegenpilz, Kräuterseitling, Egerling, Austernpilz.

Reimwörter finden

Pilze wachsen besonders gerne in Wäldern. Finden Sie Wörter, die sich auf „Wald" reimen.

Beispiellösungen: kalt, bald, Halt, alt, knallt, prallt, Spalt, krallt.

Das passt noch

Die Pilzjagd

Am Tag war Hugo schon im Wald,
die Sonne schien und es war kalt.
Das Laub, es war gelb, rot und bunt,
es fiel auf des Waldes Grund.

Spazieren gehen lag ihm sehr,
doch heute wollte er noch mehr.
Geregnet hatte es genug,
das wusste Hugo, er war klug.

Denn was er dort im Wald so fand,
das war dem Hugo lang bekannt.
Pilze hier und Pilze dort,
legte er in seinen Korb.

Sie wuchsen unter jedem Baum,
der Korb war voll, es war ein Traum.
Das war es, was der Herbst so machte,
die guten Pilze, die er brachte.

Der Hugo ging beseelt nach Haus,
das würde ganz gewiss ein Schmaus.

Regenjacke

Regenwetter

Das Schönste im Herbst war für Monika, an verregneten Nachmittagen in Pfützen zu springen. Sie liebte nichts mehr, als die freie Zeit in der Natur zu verbringen und dieser durch die Regentropfen so nah zu sein. Sie mochte es, das Wasser zu fühlen und zu hören, und genoss diesen ganz besonderen Duft in der Luft. Ein ständiger Begleiter war ihre gelbe Regenjacke, die sie innig liebte. Das warme, sonnige Gelb war ein herrlicher Lichtblick im regnerischen Grau. Es war ein schönes Gefühl, wenn die Regentropfen an dem gelben Stoff abperlten und daran herunterliefen. Monika liebte es, mit ihrer Hand ganz vorsichtig über den mit Wassertropfen bedeckten Ärmel zu streichen.

Gesprächsimpulse

- Gibt es ein Kleidungsstück, das Sie besonders gerne tragen? Ein Kleidungsstück, das Ihnen wichtig ist, weil Sie sich darin sehr wohlfühlen oder es Sie an jemanden erinnert? Welches Kleidungsstück ist das? Warum hat es für Sie eine so besondere Bedeutung?

- Erinnern Sie sich an Kleidungsstücke aus Ihrer Kindheit? Gab es Kleidung, die Sie sehr lange getragen haben, weil Sie sie so gerne hatten? Auch noch, als sie vielleicht schon viel zu klein oder an der einen oder anderen Stelle kaputt war?

- Für das Mädchen in der Geschichte ist die gelbe Farbe ihrer Regenjacke ein wunderbarer Lichtblick im Grau des nassen Herbstwetters. Was sind für Sie Lichtblicke in der Herbstzeit? Welche Momente und Begegnungen erhellen Ihnen das Herz an dunklen Herbsttagen?

- Besonders in den Wäldern hat die feuchte Luft im Herbst einen einzigartigen Duft. Gehen Sie im Herbst auch im Regen spazieren? Haben Sie schon einmal Ihre Handflächen geöffnet und den Regen hineintropfen lassen? Empfinden Sie dieses Gefühl als angenehm?

- Mit welcher Kleidung schützen Sie sich vor Nässe?

- Sagen Sie Ihren Mitmenschen, ob Ihnen ihr Kleidungsstil gefällt oder nicht? Wie machen Sie das? Wie kommt das bei Ihrem Gegenüber an?

Wusssten Sie das?

- Gute Regenjacken sind von außen wasserdicht und von innen atmungsaktiv, damit zu viel Wärme und Feuchtigkeit, die zum Beispiel durch Schwitzen hervorgerufen werden, abtransportiert werden können.
- Der bekannte „Friesennerz" war zwischen den Jahren 1970 und 1985 in Mode. Die Jacken zeichneten sich durch ihre leuchtende Farbe, meist in Gelbtönen gehalten, ihre großen Taschen mit Klappen und die große Kapuze aus. Die Erfindung einer Wendemöglichkeit, die es ermöglichte, die Jacke auch mit dem Innenfutter nach außen zu tragen, machte sie noch beliebter. Der Friesennerz heißt Friesennerz, weil es in Ostfriesland besonders viel regnen soll. Wissenschaftlich bestätigt ist diese Annahme nicht.
- Der Begriff „Schmuddelwetter" kommt aus dem Norddeutschen und ist ein Begriff für Nieselregen bei schwachem Wind und hohem Luftdruck. Schmuddelwetter tritt meist im Herbst auf.
- Je windiger es ist, umso größer sind die Regentropfen. Dabei fallen größere Tropfen schneller vom Himmel als kleine.
- Der Name „Regenwurm" hat nichts mit dem Regen zu tun. Er bezieht sich vielmehr auf eine rege (fleißige) Tätigkeit. Im 16. Jahrhundert nannte man den Regenwurm „reger Wurm".

Rätselideen

Reimwörter finden

Finden Sie gemeinsam möglichst viele Reimwörter zu dem Wort „Regen".
Beispiellösungen: Segen, fegen, hegen, pflegen, Degen, legen, gegen, wegen.

Wo kommt das her?

Lesen Sie den Teilnehmenden die folgende Liedzeile vor und lassen Sie sie erraten, aus welchem Lied sie stammt:

Und wenn's genug geregnet hat, dann wächst auch wieder Gras.
Lösung: Es regnet, es regnet.

Das passt noch

Es regnet, es regnet

(Kinderlied aus dem 19. Jahrhundert)

Es regnet, es regnet, die Erde wird nass!
Und wenn's genug geregnet hat, dann wächst auch wieder Gras!

Es regnet, es regnet, es regnet seinen Lauf!
Und wenn's genug geregnet hat, dann hört's auch wieder auf!

Es regnet, es regnet, was kümmert uns das!
Wir sitzen im Trocknen, und werden nicht nass!

Filmmusik

Spielen Sie den bekannten Filmschlager vor und wiegen Sie mit den Teilnehmenden mit.

„Singin' in the rain" (1929)
gesungen von Gene Kelly

Regenschirm

Der neue Regenschirm

Lenas neuer Regenschirm war rot. Sie konnte die nächsten Regentropfen gar nicht erwarten. Immer wieder drehte sie den Regenschirm hin und her und hielt ihn Richtung Himmel. Die Gehsteige waren noch trocken. Sie schaute nach oben. War das ein Tropfen auf ihrem Regenschirm? Und da, noch einer? Lena konnte ihr Glück kaum fassen. Ein paar Minuten später tanzte sie mit ihrem neuen roten Regenschirm und ihren Gummistiefeln im Regen, frei und unbeschwert. Die Luft duftete nach frischem Regen und die Tropfen prasselten fröhlich auf den Schirm. In diesem Augenblick fühlte sie sich wie das glücklichste Kind der Welt.

Gesprächsimpulse

- Was haben Sie in Ihrer Kindheit bei Regen empfunden? Mochten Sie Regen? Sind Sie mit einem Regenschirm oder einer Regenjacke nach draußen gegangen? Oder machte es Ihnen gar nichts aus, nass zu werden?
- Gab es Gegenstände, die Ihnen in Ihrer Kindheit sehr wichtig waren? Dinge, die Sie gerne mochten? Wegbegleiter, die etwas ganz Besonderes waren, so wie der rote Regenschirm in der Geschichte?
- Welche Farben verbinden Sie mit dem Herbst? Mögen Sie es, wenn sich im Herbst die Blätter verfärben?
- Welches sind Ihre Lieblingsfarben? Erinnern Sie sich an Ihre Lieblingsfarben während Ihrer Kindheit?
- Gab es in Ihrem Leben Augenblicke, in denen Sie das Gefühl hatten, vollkommen glücklich zu sein?
- Was bedeutet Glück für Sie? Hat sich Ihr Gefühl von Glück im Laufe Ihres Lebens verändert?
- Ein Regenschirm bietet Schutz vor dem Nasswerden. Was hat Ihnen in Ihrem Leben Schutz geboten? Wer oder was hat Sie in schwierigen Momenten beschützt?

Wussten Sie das?

- Der Regenschirm ist eine Weiterentwicklung des Sonnenschirms, der vor ungefähr 4000 Jahren in China erfunden wurde.
- Bis etwa 1750 war der Regenschirm in Europa ein Accessoire, das dem weiblichen Teil der Bevölkerung vorbehalten war. Lange Zeit galt er als „unmännlich".

- Der Regenschirm galt auch als Statussymbol. Wer von seinem Bediensteten mit einem Sonnen- oder Regenschirm geschützt wurde, hatte einen gewissen Stand in der Gesellschaft.

- Mary Poppins' berühmter Regenschirm hatte einen Papageienkopf und konnte sprechen. Mit ihrem Schirm konnte das beliebte und bekannteste Kindermädchen der Welt fliegen. Die Schauspielerin Julie Andrews, die Mary Poppins spielte, sagte nicht sofort zu, da sie sich eigentlich für die Rolle der Eliza Doolittle beworben hatte, die jedoch Audrey Hepburn bekam. Zum Glück. Denn mit der Rolle der Mary Poppins wurde Julie Andrews weltweit bekannt und bekam einen Oscar für die beste weibliche Hauptrolle.

- Am 10. Februar ist Regenschirm-Tag.

Rätselideen

Gemeinsamkeiten finden

Finden Sie Dinge, die etwas mit einem Regenschirm gemeinsam haben.

- Ein Regenschirm hat einen Stiel. Was hat noch einen Stiel?
  Beispiellösungen: Blume, Blatt, Eis.

- Ein Regenschirm bietet Schutz vor Regen. Was bietet noch Schutz vor Regen?
  Beispiellösungen: Dach, Hut, Regenjacke.

- Ein Regenschirm ist lang. Was ist noch lang?
  Beispiellösungen: Gehstock, Gurke, Besenstiel.

Silben zählen

Bitten Sie die Teilnehmenden, Regen-Wörter nachzusprechen und dabei die Silben zu zählen.
Wortbeispiele: Regenwetter (4), Regenschirm (3), Regentropfen (4).

Das passt noch

Ein Hut, ein Stock, ein Regenschirm

(Kinderlied aus dem 20. Jahrhundert)

1 und 2 und 3 und 4
und 5 und 6 und 7 und 8.
Ein Hut, ein Stock, ein Regenschirm,
Vorwärts, rückwärts, seitwärts, ran,
Hacke, Spitze, noch einmal!

Und 1 und 2 und 3 und 4
und 5 und 6 und 7 und 8.
Ein Hut, ein Stock, ein Regenschirm,
Vorwärts, rückwärts, seitwärts, ran,
Hacke, Spitze, hoch das Bein!

Rehe

Abends im Wald

Karl durfte das erste Mal mit seinem Onkel einen Abend auf dem Hochsitz im Wald verbringen. Schon so lange hatte er sich gewünscht, einmal von dort aus die Rehe zu beobachten. Die Zeit, bis die Dämmerung eintrat, verging wie im Flug. Und es dauerte gar nicht lange, bis die ersten Rehe vorsichtig aus dem Wald kamen. Sie trafen sich auf der Lichtung, die nur ein paar hundert Meter vor ihm lag. Karl hielt den Atem an. Er wagte es kaum, sich zu bewegen. Ihre Vorsicht, ihre Ruhe und ihre Sanftmütigkeit beeindruckten ihn. Er verspürte eine tiefe Dankbarkeit, dass er diesen edlen Tieren so nah sein durfte.

Gesprächsimpulse

- Haben Sie schon einmal ein Reh in der freien Natur gesehen? Erinnern Sie sich daran, was Sie in diesem Augenblick gefühlt haben? Wie haben Sie sich verhalten?
- Man kann den Begriff „Reh“ bildlich mit einem Kitz, einer Ricke oder einem ausgewachsenen, geweihtragenden Rehbock verbinden. An was denken Sie zuerst, wenn Sie den Begriff „Reh“ hören oder lesen?
- Manchmal sagt man jemandem nach, er oder sie sei scheu wie ein Reh. Kennen Sie jemanden, der scheu wie ein Reh ist? Gab es in Ihrem Leben Momente, in denen Sie selbst scheu wie ein Reh waren?
- In der Abenddämmerung entsteht oft eine ganz besondere Atmosphäre. Was verbinden Sie mit der Abenddämmerung? Welche Erinnerungen an vielleicht einzigartige Momente werden bei Ihnen geweckt, wenn Sie an die Abenddämmerung denken?
- Gab es Momente in Ihrem Leben, in denen Sie sich vor Faszination oder Aufregung fast nicht bewegt haben, um den Augenblick möglichst lange auszukosten? Welche Momente waren das?

Wussten Sie das?

- Am unteren Teil des Geweihs eines Rehbocks befinden sich Duftdrüsen, mit denen er sein Revier markiert.
- Den weiß gefärbten Teil am Hinterteil eines Rehs nennt man Spiegel. Bei den Ricken ist dieser herzförmig, bei den Rehböcken hat er die Form einer Niere.

- Ricken verstecken ihre Kitze den Tag über im hohen Gras, um sie vor Feinden zu schützen. Dort liegen die Jungtiere ganz still, damit sie nicht entdeckt werden. Die Mütter kommen zwischendurch vorbei, um sie zu versorgen.

- Rehe sind Einzelgänger. Lediglich im Winter leben sie in Gruppen.

- Rehe sind sehr nützlich für die Pflanzen und Tiere im Wald. Durch das Scharren mit ihren Hufen legen sie den Waldboden frei, dadurch können Pflanzensamen besser keimen. Das ausgefallene Winterfell wird von einigen Vogelarten für den Nestbau genutzt. Nagetiere freuen sich über die Nährstoffe in abgestoßenen Geweihen.

Rätselideen

Reimwörter finden

Finden Sie gemeinsam möglichst viele Reimwörter zu dem Wort „Reh".
Beispiellösungen: geh, steh, weh, Zeh, Klee, Tee, Kaffee, See, WC, Portemonnaie.

Kennen Sie das von anderer Stelle?

Sprechen Sie darüber, wann Menschen oder Tiere ähnliche Verhaltensweisen an den Tag legen oder welche Menschen oder Tiere Talente haben.

Rehen wird manchmal nachgesagt, sie seien scheu. In welchen Situationen werden manche Menschen scheu?
Beispiellösung: Wenn es darum geht, neue Bekanntschaften zu schließen.

Das passt noch

Du schlankes Reh (1906)

von Christian Morgenstern

Du schlankes Reh, das du die Menschen fliehst,
bewegte dich dein Herz, wenn du mich siehst,
mich nicht zu fliehen, meinem Blick zu trau'n,
wie Deinesgleichen mir ins Aug zu schaun!

Ich weiß mich frei von jeder Mordbegier,
ich jage mich, mein Bruder, nicht in dir.
Du glaubst mir nicht? Ich bin dir nur ein Mann,
ein Mensch ... Ach, Reh, was geht der Mensch mich an.

Rote Bete

Bete-Raupe

Beim Einkochen der Roten Bete für den Winter bekam Stefan immer lilafarbene Finger. So sehr er beim Schälen darauf achtete, möglichst wenig in Kontakt mit der Roten Bete zu kommen, es nützte nichts. So auch in diesem Jahr. Seine Tochter Hanna stand die ganze Zeit auf einem Stuhl und schaute ihm in aller Ruhe über die Schulter. Schließlich kletterte sie vom Stuhl, aber eine Minute später war sie mit einem Blatt Papier wieder da. Sie legte das Papier auf die Arbeitsfläche und nahm die Hand ihres Vaters. Dann drückte Hanna seine Finger, einen nach dem anderen, auf das Blatt, bis dort eine kleine, lilafarbene Raupe entstanden war. Stefan lächelte und gab seiner Tochter einen Kuss auf den Kopf. Mit den Fingern der anderen Hand druckte er in einem Kreis Blütenblätter dazu. Dann nahm er einen Stift, malte der Raupe Augen und Füße und der Blume einen Stängel.

Gesprächsimpulse

- Welche Tipps haben Sie für die Zubereitung von Roter Bete? Welche Gerichte haben Sie gerne gekocht? Wie haben Sie Ihre Finger vor Verfärbungen geschützt? Wie haben Sie violette Verfärbungen beseitigt?
- Welches Gemüse haben Sie früher im Herbst eingekocht? Was wurde eingelegt? Erinnern Sie sich noch daran, was Ihnen besonders gut geschmeckt hat? Was mochten Sie gar nicht?
- Haben Sie mit Naturmaterialien gefärbt? Zum Beispiel Ostereier oder Stoffe? Mit welchen Materialien ließ sich welche Farbe herstellen? Wie haben Sie die Farben wasserfest gemacht?
- Sind Sie jemand, der gerne kreativ gestaltet? Was machen Sie gerne? Basteln Sie gerne mit Papier? Malen, stricken oder häkeln Sie?
- In welchen Augenblicken haben Ihnen Ihre Kinder früher gezeigt, dass es zwischendurch heilsam sein kann, die Welt aus Kinderaugen zu sehen? Welche besonderen Charaktereigenschaften hatten Ihre Kinder?

Wussten Sie das?

- Rote Bete gehört mit Zuckerrüben und Mangold zu den Rüben. Diese wiederum gehören zur Familie der Fuchsschwanzgewächse.
- Rote Bete hat einen hohen Anteil an Folat und Eisen und hilft damit bei der Bildung roter Blutkörperchen, unterstützt die Leber bei der Ausscheidung von Giftstoffen, erweitert die Gefäße und fördert somit die Durchblutung.
- Auch die Blätter der Roten Bete kann man essen. Sie sind sogar noch gesünder als die Knollen selbst. Denn sie enthalten sieben Mal mehr Kalzium, drei Mal mehr Magnesium und sechs Mal mehr Vitamin C.

- Rote-Bete-Flecken auf der Haut lassen sich mit Zitronensaft entfernen.
- Im 16. Jahrhundert nutzten Frauen Rote Bete, um sich die Haare rot zu färben.

Rätselideen

Passende Adjektive

Suchen Sie gemeinsam mit den Teilnehmenden Adjektive, mit denen man Rote Bete beschreiben kann. Berücksichtigen Sie dabei alle Wahrnehmungskanäle.

- Wie schmeckt Rote Bete?
- Wie sieht Rote Bete aus?
- Wie fühlt sich Rote Bete an?
- Wie riecht Rote Bete?

Beispiellösungen: süß, rund, violett, klein, erdig.

Verstecktes Wort

Lesen Sie die sieben Wörter jeweils langsam vor und fragen Sie, in welchen zwei Wörtern sich das Wort „Rot“ versteckt.

- Fraktion, Ka**rot**in, Rosenkohl, Tross, Rosenbogen, Alltagst**rot**t, Morgenrock

Das passt noch

Im Garten von Oma Käthe

Im Garten von Oma Käthe
wuchs die Rote Bete.
Käthe mochte die Bete sehr,
pflanzte immer mehr und mehr.
Das ganze Beet war voll,
das fand Käthe toll.

Die Erntezeit war dieses Jahr
nach langem Warten endlich da.
Ohne Werkzeug, ohne Pferde,
zog sie die Bete aus der Erde.

Sie erntete und nicht zu knapp.
Sie wusch die Knollen gründlich ab.
Dann schälte sie und schnitt,
ihr Ehemann half mit.

Ein bisschen, das war obligat,
schnitt sie dünn für den Salat.
Von einem Teil kochte sie Suppe,
genug für eine ganze Truppe.

Ein anderer Teil wurde gekocht,
so hatte sie es stets gemocht.
Was sie nicht aßen, fror sie ein.
Der Vorrat, er war nicht zu klein.

Ein paar Knollen waren noch da,
was für sie das Zeichen war:
Sie hatte es nun fast geschafft,
aus dem Rest machte sie Saft.

Spinnen

Die Spinnen im Keller

Früher hat Sophie sich vor Spinnen gefürchtet. Sie weiß noch genau, wie sich das angefühlt hat, wenn sie die steile Treppe in den feuchten Keller hinuntergestiegen ist und nie wusste, wann ihr die erste Spinne begegnen würde. Das schwache Licht gab ihr zahlreiche Möglichkeiten, auch dort Spinnen zu sehen, wo gar keine waren. Im Erwachsenenalter konnte sie ganz anders damit umgehen. Seitdem ist sie diejenige, die die Spinnen ohne Zögern in die Freiheit entlässt, wenn sich mal wieder eine im Wohnzimmer verlaufen hat. Etwas hat sich im Laufe der Zeit verändert. Aus Angst sind Ruhe und ein Gefühl der Verantwortung geworden. Und das fühlt sich gut an.

Gesprächsimpulse

- Viele Menschen – Kinder wie Erwachsene – fürchten sich vor Spinnen. Wie fühlen Sie sich in der Gegenwart von Spinnen? Haben Sie Angst, ekeln Sie sich oder ist Ihnen ihre Anwesenheit egal? Hat sich an diesem Gefühl im Laufe der Jahre etwas verändert?

- Haben Sie in einem Zuhause gelebt, in dem es viele Spinnen gab? Wurden Spinnen und ihre Netze entfernt? Wenn ja, wie? Oder blieben Sie ungestört dort, wo sie waren?

- Keller in älteren Häusern strömen oft einen besonderen Geruch aus. Haben Sie auch Erinnerungen an einen besonderen Kellergeruch aus Ihrer Kindheit oder dem Erwachsenenalter?

- Hatten Sie früher Angst, wenn Sie in einen Keller gegangen sind? Oder war das etwas Besonderes, das mit schönen Dingen verbunden war, zum Beispiel damit, Äpfel oder Saft aus der Vorratskammer zu holen, oder mit dem Duft frisch gewaschener Wäsche?

- Haben sich im Laufe der Zeit bestimmte Einstellungen oder Haltungen zum Leben verändert? Sind Sie in manchen Lebensbereichen ruhiger geworden? Oder sehen Sie einige Dinge auch als wichtiger an als früher? Für welche Bereiche hat sich Ihr Verantwortungsgefühl verändert? Worauf passen Sie mehr auf?

Wussten Sie das?

- Das Netz einer Kreuzspinne besteht aus etwa 20 Meter Faden. Die Spinne benötigt ungefähr 45 Minuten, um es zu bauen.

- Der Körper einer Spinne besteht aus zwei Segmenten. Im vorderen Segment befinden sich das Gehirn, die Verdauungsorgane und die Giftdrüsen. Im hinteren Segment trägt die Spinne ihr Herz und die Atmungsorgane.

- Die Fäden der Spinne sind sehr widerstandsfähig und um ein Vielfaches belastbarer als Stahlseile in der gleichen Stärke. Sie gehören zu den strapazierfähigsten Materialien in der Natur. Das Bauprinzip von Spinnennetzen ist so komplex, dass es in der modernen Architektur Anwendung findet.

- Es gibt männliche Spinnen, die die Weibchen vor dem Paarungsakt einspinnen, damit diese sie danach nicht auffressen können.

- Eine Spinnenart der Springspinnen säugt ihren Nachwuchs mit einer Art Muttermilch, was sonst nur Säugetieren vorbehalten ist.

Rätselideen

Anagramm

Bilden Sie gemeinsam aus den Buchstaben des Wortes „Spinnentiere" so viele neue Wörter wie möglich.

Beispiellösungen: Stier, nein, Tier, Pinie, reiten, reisen, preisen, Preis, Reis.

Alphabetische Reihenfolge

Bringen Sie die folgenden drei Insekten, die zu den Lieblingsspeisen einer Spinne gehören, in die richtige alphabetische Reihenfolge:

- Fliege
- Biene
- Mücke

Lösung: Biene, Fliege, Mücke.

Das passt noch

Eine kleine Spinne

(Kinderreim, nach der Melodie zu „Spannenlanger Hansel, nudeldicke Dirn“)

Eine kleine Spinne krabbelt an der Wand,
kommt der große Regen, spült sie in den Sand.
Kommt die liebe Sonne, trocknet Haus und Land,
eine kleine Spinne krabbelt an der Wand.

(Beim Sprechen des Reims können folgende Bewegungen ausgeführt werden:
Zeile 1 und 4: Die Finger bewegen sich auf und ab.
Zeile 2: Die Finger bewegen sich von oben nach unten.
Zeile 3: Die Hände deuten einen großen Kreis an.)

Tee

Eine Kanne Tee

Hans stand neben dem pfeifenden Wasserkessel. Er gab zwei Löffel Tee in den Teefilter, legte ihn über den Rand der Teekanne und nahm den Kessel von der Herdplatte. Das Wasser im Kessel beruhigte sich. Hans goss es vorsichtig in die Kanne und lauschte dem unnachahmlichen Geräusch des Teewassers, das auf den Boden der Teekanne plätscherte. Die Kanne füllte sich. Auch das war ein vertrautes Geräusch. Hans freute sich auf den heißen Tee. Seine Füße waren nach dem langen Herbstspaziergang immer noch ganz kalt. Bald würden sie wieder warm werden. Er trug das Tablett mit der Kanne und der Tasse ins Wohnzimmer. Ein wohliger Duft erfüllte den Raum.

Gesprächsimpulse

- Wie wärmen Sie sich nach langen Spaziergängen in der kühlen Herbstluft auf? Trinken Sie heißen Tee, kuscheln Sie sich unter eine Decke oder ziehen Sie eine Strickjacke oder Wollsocken an? Was hilft Ihrer Erfahrung nach gegen kalte Füße?

- Trinken Sie gerne Tee? Welchen Tee mögen Sie besonders und wie bereiten Sie ihn zu? Geben Sie Zucker, Milch, Sahne oder Kandis hinein?

- Wie war das früher? Wurde in Ihrer Familie zusammen Tee getrunken? An welche Rituale erinnern Sie sich aus Ihrer Kindheit? Gab es gemeinsame Spaziergänge und ein anschließendes Beisammensein zum Aufwärmen im Kreis der Familie? Was wurde getrunken?

- Kennen Sie die ostfriesische Teekultur? Wenn Sie dort nicht heimisch sind: Haben Sie diese Kultur des Teetrinkens eventuell in einem Urlaub erlebt? An welche besonderen Rituale oder Spezialitäten aus vergangenen Urlauben erinnern Sie sich? Welche sind Ihnen besonders in Erinnerung geblieben?

- Das Aufgießen von Tee macht ein eigenes Geräusch, das ganz leicht wiederzuerkennen ist. Ist das ein Geräusch, an das Sie gute Erinnerungen haben? Ein Geräusch, das angenehme Gefühle weckt?

- Welche besonderen Geräusche aus dem Alltag, die für Sie mit angenehmen Gefühlen verbunden sind, gibt es in Ihrem Leben noch? Vielleicht das Klappern von Frühstücksgeschirr, das Knistern einer Daunendecke oder das Rascheln der Tageszeitung?

Wussten Sie das?

- Die ostfriesische Teekultur ist in Deutschland seit 2016 als immaterielles Kulturerbe anerkannt. In Ostfriesland ist es üblich, einen Gast mit einer Tasse Tee zu begrüßen, unabhängig davon, wie lange dieser bleibt. Der Tee

wird auf eine ganz besondere Art zubereitet und serviert. Traditionell wird dort gegen 15 Uhr der Nachmittagstee eingenommen. Kurze Teepausen um 11 Uhr und um 21 Uhr sind ebenfalls üblich.

- Auch die britische Teekultur hat ihre eigenen Besonderheiten. Die losen Blätter werden mit kochend heißem Wasser aufgebrüht. Es ist zudem üblich, heißes Wasser nachzuschenken. Die Briten trinken ihren Tee mit Milch – ob die Milch oder der Tee zuerst eingeschenkt wird, ist Geschmackssache.

- Tanztees sind im 18. Jahrhundert in England in den sogenannten Teegärten entstanden. Frauen wurde der Zutritt zu den Kaffeehäusern verwehrt, die Teegärten standen ihnen jedoch offen. In den Teegärten wurde Musik gespielt und zum Tanzen eingeladen. Auch kleine Orchester hatten dort Auftritte.

- Der Teebeutel wurde 1904 vom US-amerikanischen Teehändler Thomas Sullivan erfunden. Er hatte einen neuen Tee im Sortiment, den er möglichst breit bewerben wollte. Also steckte er lose Blätter in kleine Seidenbeutel und verschickte sie als Proben. Seine Kunden hängten die Beutel kurzerhand in heißes Wasser.

- Je länger ein Tee zieht, umso weniger Koffein enthält er. Soll ein Tee anregend sein, wird eine kurze Ziehzeit empfohlen.

Rätselideen

Gegenteile finden

Tee kann viele Eigenschaften haben. Finden Sie Gegenteile zu den folgenden Eigenschaften von Tee.

- heiß, süß, herb, mild, schwarz, schmackhaft, belebend
  Beispiellösungen: heiß – kalt, süß – sauer, herb – lieblich, mild – kräftig, schwarz – weiß, schmackhaft – ungenießbar, belebend – beruhigend.

Was passiert als Nächstes?

Beschreiben Sie den Teilnehmenden folgende kleine Szene und bitten Sie sie anschließend, ihre Fantasie spielen zu lassen. Was könnte als Nächstes passieren?

Eine junge Frau sitzt in einem Café an einem Tisch und trinkt eine Tasse Tee. Da kommt der Kellner an ihrem Tisch vorbei. Sie steckt dem jungen Mann einen Zettel zu, auf dem …

Das passt noch

Hugo und der Herbst

Hugo denkt, es wird jetzt Zeit,
die Natur macht sich bereit.
Zeit zum Auf-dem-Sofa-Sitzen,
er spürt es in den Fingerspitzen.
Der Herbst, er ist endgültig da,
das Ende dieses Jahres nah.

Was hat der Herbst ihm mitgebracht?
Eine ganz schön lange Nacht.
Dafür einen kurzen Tag,
obwohl er Sonnenschein so mag.

Doch wenn der Herbst sein Liedchen singt
und ihm schöne Pilze bringt,
wird Hugo sich ergeben,
denn er liebt das Leben.

Er hat eine gute Idee
und kocht sich eine Tasse Tee.
Er lässt die Wärme sprießen,
er wird den Tee genießen.

Trauben

Die ersten Trauben

Am Wochenende wurden die Trauben im Garten geerntet. Walter konnte es kaum erwarten. Schon im Spätsommer schaute er jeden Tag nach, ob die Trauben endlich reif waren. Doch er brauchte Geduld. Endlich war es so weit. Die Sonne schien. Es war ein wunderschöner Herbsttag. Die Mauer, an der die Trauben wuchsen, hatte sich durch die Sonne erwärmt. Gewissenhaft schnitt Walter Rebe um Rebe ab und legte sie behutsam in den großen Korb. Die Trauben hatten einen wunderschönen Lilaton. Traubensaft wollten sie daraus machen. Er pflückte vorsichtig eine Traube ab und steckte sie in den Mund. Sie schmeckte wunderbar, eine angenehme Süße gepaart mit einer leichten Säure.

Gesprächsimpulse

- Trinken Sie gerne Wein? Wenn ja, welche Sorte trinken Sie am liebsten? Waren Sie schon mal in einem Weinanbaugebiet und haben bei der Weinherstellung zugesehen?

- Rosinen sind getrocknete Weintrauben. Mögen Sie Rosinen? In welchen Gerichten essen Sie Rosinen?

- Wein ist eine beliebte Pflanze, die man an Außenwänden ranken lassen kann. Hatten Sie einen Garten, in dem Sie solche Gewächse gepflegt haben? Wie und wie oft im Jahr wurden Sie geschnitten?

- Haben Sie aus Früchten schon einmal selbst Saft hergestellt? Aus welchen Früchten haben Sie den Saft gepresst? Wuchsen die Früchte im eigenen Garten?

- Ein beliebtes Gebäck in der Vorweihnachtszeit ist der Christstollen, der zu einem großen Teil aus Rosinen besteht. Er wird im November, manchmal auch schon im Oktober, gebacken, damit er bis zum Verzehr „durchziehen“ kann. Haben Sie schon einmal einen Christstollen selbst gebacken? Nach welchem Rezept? Erinnern Sie sich noch an die Zutaten und die Vorgehensweise?

Wussten Sie das?

- Für die Befruchtung der Blüten einer Weinrebe werden keine Insekten benötigt. Die Pollen setzen sich von selbst auf die sehr kleinen Blüten.

- Der weiße Belag auf den Weintrauben wird „Nebeltau“ oder „Duftfilm“ genannt. Er schützt die Früchte vor dem Austrocknen und ist ein Zeichen für eine gute Traubenqualität.

- Ein Weinstock kann 17 Meter hoch wachsen, sofern er nicht beschnitten wird, manchmal sogar noch höher.
- Wein wird schon seit über 5000 Jahren hergestellt. Bei den Ägyptern und Römern war das Getränk sehr beliebt.
- Weintrauben bestehen im Schnitt aus 81 Prozent Wasser.

Rätselideen

Gemeinsamkeiten finden

Finden Sie Dinge, die etwas mit einer Traube gemeinsam haben.

- Eine Traube ist süß. Was ist noch süß?
  Beispiellösungen: Honig, Banane, Zucker, Torte.
- Eine Traube ist rund. Was ist noch rund?
  Beispiellösungen: Murmel, Ball, Orange, Kokosnuss.
- Eine Traube ist klein. Was ist noch klein?
  Beispiellösungen: Erdbeere, Keks, Haselnuss, Murmel.

Was würden Sie tun?

Überlegen Sie gemeinsam mit den Teilnehmenden, was sie in folgender Situation tun oder denken würden:

Sie sitzen bei Ihrer Freundin am festlich eingedeckten Geburtstagstisch. Auf dem Tisch liegt eine weiße Tischdecke. Der kleinste Spross Ihrer Freundin greift zu einem großen Krug, der mit Traubensaft gefüllt ist, und möchte sich ein Glas einschenken.

Das passt noch

Wir sah'n die Reben blühen (1850)

von Hoffmann von Fallersleben

Wir sah'n die Reben blühen
Im milden Frühlingshauch,
Und sah'n für uns're Mühen
Erblüh'n die Hoffnung auch.

Die Trauben sind gediehen,
Sind würzig, süß und klar.
Lasst uns zur Lese ziehen!
Was wir gehofft, ward wahr.

Der Sommer tat das Seine,
Der Herbst hat es vollbracht,
Mit warmem Sonnenscheine
Und kühlem Tau der Nacht.

Die Trauben sind gediehen,
Sind würzig, süß und klar.
Lasst uns zur Lese ziehen!
Was wir gehofft, ward wahr.

O Blick voll Wohlbehagen!
Wenn Beer' an Beere glänzt,
Wenn wir zur Kelter tragen,
Was Freuden uns kredenzt.

Die Trauben sind gediehen,
Sind würzig, süß und klar.
Lasst uns zur Lese ziehen!
Was wir gehofft, ward wahr.

Wildgänse

Fliegende Wildgänse

Es war ein wunderschöner Herbsttag. Die Sonne ging langsam am Horizont unter. Andreas hatte eine Tasse Tee in der Hand und saß auf der Bank vor dem Haus. Es war kühl geworden. Das machte den Augenblick aber nicht weniger schön. Er genoss gerade die Stille um sich herum, als er in der Ferne Geräusche vernahm, die langsam näherkamen. Sein Blick wanderte in den Himmel. Kleine schwarze Punkte bewegten sich auf ihn zu. Er konnte sein Glück kaum fassen. Das waren tatsächlich die ersten Wildgänse, die sich auf den Weg gemacht hatten. Andreas lehnte sich zurück und genoss den Anblick der vorbeifliegenden Vögel. Für ihn waren diese Momente im Jahr immer etwas ganz Besonderes.

Gesprächsimpulse

- Die Reise der Wildgänse in den Süden ist für viele, die dieses Naturschauspiel miterleben dürfen, etwas ganz Besonderes. Haben Sie schon einmal Wildgänse beobachtet? Beim Vorbeifliegen oder in den Überwinterungsgebieten? Welche Erinnerungen haben Sie an diese Erlebnisse? Was haben Sie in diesen Momenten gefühlt?

- Welche Momente sind für Sie persönlich ganz besondere Augenblicke im Jahr? Auf welche einzigartigen Momente können Sie in Ihrem Leben zurückblicken?

- Würden Sie gerne eigenständig so weit wegfliegen können wie eine Wildgans? Wenn ja, wohin würden Sie zuerst fliegen?

- Wildgänse überwintern in Gruppen und bauen diese Gruppe im Flug so auf, dass es immer ein Gleichgewicht zwischen Anstrengung und ruhigeren Phasen gibt. So kann sich jede Gans ihre Kräfte für die Reise gut einteilen. Die Gruppe gibt somit gut aufeinander acht. Gibt es jemanden in Ihrem Leben, der gut auf Sie aufgepasst hat? Gibt es jemanden, auf den Sie aufpassen und den Sie unterstützen durften? Haben Sie vielleicht einen Freundeskreis, in dem gut aufeinander geachtet wurde?

- Selma Lagerlöf hat das Buch „Die wunderbare Reise des kleinen Nils Holgersson mit den Wildgänsen“ geschrieben. Darin geht es um den Jungen Nils, der in einen Wichtel verwandelt wird und mit einer Schar Wildgänse durch Schweden reist. Nils verwandelt sich während dieser Reise von einem faulen Jungen, der viel Unsinn macht, in einen verantwortungsvollen, vernünftigen und hilfsbereiten Jugendlichen. Kennen Sie das Buch? Welche Erinnerungen haben Sie daran? Wie hat Ihnen die Geschichte gefallen?

Wussten Sie das?

- Gänseküken müssen nach der Geburt erst lernen, wer ihre Mutter ist. Sie werden von dem geprägt, was sie zuerst sehen und hören. Das kann im Zweifel auch ein anderes Tier oder ein Mensch sein.

- Gänse bleiben für gewöhnlich ihr ganzes Leben mit demselben Partner zusammen.

- Gänse sind besonders gute Wachhunde. Nehmen sie Gefahren wahr, schlagen sie Alarm und reagieren mit Warnrufen.

- Forschungen zufolge können Gänse Emotionen so ähnlich wahrnehmen wie wir Menschen. Gänse trauern beim Verlust eines Partners lange und ziehen sich für diesen Zeitraum zurück.

- Gänse und Schwäne gehöre zur Familie der Enten.

Rätselideen

Was würden Sie tun?

Überlegen Sie gemeinsam mit den Teilnehmenden, was sie in folgender Situation tun würden:

Sie sitzen auf einer Parkbank und genießen eine kurze Pause mit Blick über einen See. Plötzlich steht ein Gänseküken bei Ihnen, das Ihnen nicht mehr von der Seite weicht ...

Zungenbrecher

Üben Sie gemeinsam mit den Teilnehmenden den Zungenbrecher „Glückliche graue Gänse gehen gerne gemeinsam grüne Gurken gießen, grüne Gurken gehen glückliche graue Gänse gerne gemeinsam gießen".

Im Mittelpunkt steht der gemeinsame Spaß und nicht die fehlerfreie Aussprache.

Das passt noch

Das Leben ist ein Gänsespiel (1819)

von Johann Wolfgang von Goethe

Das Leben ist ein Gänsespiel:
Je mehr man vorwärts gehet,
Je früher kommt man an das Ziel,
Wo niemand gerne stehet.

Man sagt, die Gänse wären dumm,
O, glaubt mir nicht den Leuten:
Denn eine sieht einmal sich ’rum,
Mich rückwärts zu bedeuten.

Ganz anders ist’s in dieser Welt,
Wo alles vorwärts drücket:
Wenn einer stolpert oder fällt,
Keine Seele rückwärts blicket.

Wildschweine

Die Rotte im Wald

Bei ihrem letzten Waldspaziergang konnte Anna eine Rotte Wildschweine beobachten. Sie saß gerade auf einem umgekippten Baumstamm und raschelte mit ihren Füßen in einem Blätterhaufen, als sie die Bewegungen der Tiere wahrnahm. Beeindruckt von diesem wunderschönen Naturschauspiel schaute sie dem Treiben der kleinen Gruppe zu und verhielt sich so leise wie möglich, um die Tiere nicht zu erschrecken. Sie musste schmunzeln, als die jüngeren Tiere anfingen, sich zu balgen, und dachte bei dem Anblick sofort an die kleinen Kabbeleien zwischen ihr und ihrer Schwester. Sie genoss es sehr, das Treiben zu beobachten.

Gesprächsimpulse

- Welchen Tieren sind Sie auf Waldspaziergängen im Herbst schon einmal begegnet? Ist Ihnen eine dieser Begegnungen ganz besonders in Erinnerung geblieben?

- Haben Sie schon einmal eine Rotte Wildschweine in der freien Natur oder in einem Wildpark beobachtet? Was empfinden Sie gegenüber diesen Tieren? Mögen Sie Wildschweine? Haben Sie Respekt vor Begegnungen mit ihnen?

- Wildschweinmütter sind dafür bekannt, ihre Kindert zu beschützen. Wenn sie Gefahr wittern, machen sie sich zum Angriff bereit. Vor welchen Gefahren haben Sie Ihre Kinder beschützt? In welchen Situationen haben Sie sich zurückgehalten, so dass Ihre Kinder eigene Fehler machen und daraus lernen konnten?

- Unter Geschwistern gibt es insbesondere im Kindesalter häufig kleine oder große Streitereien. Haben Sie Geschwister? Erinnern Sie sich daran, worüber Sie sich mit Ihren Geschwistern gestritten haben? Wie und wie schnell haben Sie sich wieder vertragen?

- Wildschweine essen gerne Bucheckern und Mais. Welches Obst und Gemüse, das im Herbst reif wird, mögen Sie gerne?

Wussten Sie das?

- Wildschweine sind hervorragende Schwimmer und haben einen gut ausgeprägten Geruchssinn.

- Die Augen von Wildschweinen sind tief im Schädel angelegt und durch viel Knochensubstanz um sie herum besonders geschützt. Die langen Wimpern sorgen dafür, dass sich die Lider bei den kleinsten Berührungen sofort schließen, um die Augen vor Verletzungen zu schützen.

- Die Eckzähne eines Keilers können bis zu 20 Zentimeter lang werden. Sehen kann man nur ungefähr ein Drittel davon. Die oberen und unteren Eckzähne schleifen stets aneinander und sind dabei scharf wie ein Messer.
- Keiler besitzen am Rumpf unter ihrem Fell eine Hautverdickung, die Schild genannt wird. Der Schild schützt besonders vor Verletzungen in der Paarungszeit.
- Wildschweine haben einen ganz eigenen, sehr würzigen Geruch. Manche vergleichen ihn mit Maggi.

Rätselideen

Wörter, die mit „Wi“ beginnen

Suchen Sie Wörter, die wie „Wildschwein“ mit dem Buchstabenpaar „Wi“ beginnen.
Beispiellösungen: wild, Wissen, Wiesel, winzig, Winzer, Wind, Wismar, Wisent, wichtig, Wirt.

Dinge, die braun sind

Wildschweine in Deutschland sind meist braun. Sammeln Sie gemeinsam Dinge, die braun sind oder braun sein können.
Beispiellösungen: Schokolade, Baumrinde, Äste, Erde, Laub, Kakaopulver, Zimt, Reh, Kartoffelschalen, Hirsch, Maikäfer.

Das passt noch

Das lüsterne Wildschwein (19. Jahrhundert)

von Franz Bonn

Zu seinem Sohn im Walde spricht
Der Holzknecht: „Hansel, fürcht' dich nicht!
Ich muss zur Arbeit, du bleibst hier,
Und siedest die Kartoffeln mir."

Der Hans lässt sich's nicht zweimal sagen,
Beginnet Holz herbeizutragen,
Und denkt: „Wie ich schon oft getan,
Ich schüre jetzt ein Feuer an!"

Doch plötzlich – horch nur! Was ist das?
Im nahen Busche raschelt was.
Ein Wildschwein ist's, hier ist es schon –
Der Hansel lauft voll Schreck' davon.

Indessen Hans zum Vater lauft,
Das Wildschwein ganz behaglich sauft,
Bis es dem Ding kommt auf die Spur,
Dass es gemeines Wasser nur.

Und als der Hans gekommen kaum
Auf seinem Weg zum nächsten Baum
Hat, was dem Wildschwein besser schmeckt,
Es die Kartoffeln schon entdeckt.

Wie nun der Hans verschwunden ist,
Das Wildschwein immer tiefer frisst
Sich in den hohen Topf hinein,
Gefräßig ist ja jedes Schwein.

Doch allzu lüstern tut nicht gut!
Das Wildschwein hat bald einen Hut,
Denn fest steckt im Kartoffeltopf
Auf einmal jetzt sein dicker Kopf.

Und wie der Holzknecht mit Geschrei
Vom Hans geholt nun kommt herbei,
Enteilt das Wildschwein mit Gebrumm,
Und wirft dabei den Kessel um.

Heim trägt der Holzknecht froh das Schwein,
Der Hans den Kessel hinterdrein.
Und von dem Ganzen die Moral:
„Zu lüstern schadet jedes Mal!“

Zeitumstellung

Länger schlafen

Seine Hand legte sich auf den Wecker. Er drehte ihn um, um die Uhrzeit zu lesen. Es war erst acht Uhr. Für einen Sonntag viel zu früh. Richard drehte sich noch einmal um. Bis neun konnte er allemal noch liegen bleiben. Obwohl seine Augen geschlossen waren, konnte man deutlich die Freude in seinem Gesicht erkennen. Heute Nacht waren die Uhren zurückgestellt worden, so blieb ihm mehr Zeit zum Ausruhen. Er würde noch eine Stunde schlummern und dann den Wecker um genau diese eine Stunde zurückstellen. So konnte der Sonntag starten! Nach zehn Minuten allerdings gingen seine Augen wieder auf. An Schlafen war nicht mehr zu denken. Er sah aus dem Fenster. Die innere Uhr war wohl doch stärker als gedacht. Richard lächelte ein wenig gequält, stellte den Wecker eine Stunde zurück und schwang seine Beine aus dem Bett.

Gesprächsimpulse

- Welche Erfahrungen haben Sie mit der Zeitumstellung gemacht? Ist es Ihnen leichtgefallen, sich an die neue Uhrzeit zu gewöhnen, oder hat es ein wenig gedauert, bis Ihr Körper sich dem neuen Rhythmus angepasst hat?

- Im Herbst wird es ab der Zeitumstellung nachmittags recht früh dunkel. An welche Gefühle erinnern Sie sich in dieser Zeit? Wie groß war die Vorfreude auf die kalte Jahreszeit mit heißem Tee und gemütlichem Beisammensein? Wie groß war die Wehmut über den vorübergehenden Abschied von warmen Sonnenstrahlen und Tagen mit viel Licht?

- Hat das Zeitumstellen zur Winter- und Sommerzeit immer reibungslos funktioniert? Oder gab es Sonntage, an denen Sie zu früh oder zu spät zu Verabredungen erschienen sind, weil noch nicht alle Uhren umgestellt waren oder die Zeitumstellung vergessen wurde?

- Erinnern Sie sich an die Uhren, die in Ihrer Kindheit im Haus oder der Wohnung umgestellt werden mussten? Welche Uhren mussten umgestellt werden, als sie im Erwachsenenalter waren?

- Seit dem Jahr 1980 wird in Deutschland durchgehend zwischen Winter- und Sommerzeit umgestellt. Wie alt waren Sie im Jahr 1980? Wissen Sie noch, wie Sie diese Entscheidung empfunden haben? Fiel Ihnen die Umstellung leicht?

Wussten Sie das?

- Die erste Idee für die Einführung einer Sommerzeit kam Ende des 19. Jahrhunderts auf. Verwirklicht wurde sie 1916 im damals Deutschen Reich und in Österreich-Ungarn. Vor dem Ersten Weltkrieg sprach zum Beispiel der länderübergreifende Eisenbahnverkehr gegen Zeitumstellungen in einzelnen Ländern. 1919 wurde die Zeitumstellung mit Beginn der Weimarer Republik abgeschafft.

- Bis zum Jahr 1980 gab es immer wieder eine Einführung und Abschaffung der Sommerzeit in Deutschland und in einzelnen Ländern Europas. In beiden deutschen Staaten galt sie ab 1980. Im Jahr 1996 wurden die Regelungen aller zur EU zugehörigen Staaten angepasst und vereinheitlicht.

- Es ist wissenschaftlich bewiesen, dass keine relevante Energieeinsparung aufgrund der Zeitumstellung messbar ist. Zudem entsteht ein technischer Aufwand, wenn man die Uhren zweimal im Jahr umstellt. Für Menschen dauert es eine lange Zeit, sich an den neuen Tagesrhythmus anzupassen.

- Schlafforscher sprechen sich größtenteils für eine immerwährende Winterzeit aus. Diese Zeit ermögliche einen guten und gesünderen Schlaf-Wach-Rhythmus, da wir auch in den Sommermonaten auf das Melatonin angewiesen sind, das bei Dämmerung und Dunkelheit zum Müdewerden ausgeschüttet wird. Wird es zu spät dunkel, gehen wir zu spät ins Bett.

- Die Zeitumstellung macht auch den Tieren zu schaffen. So bringt die Zeitumstellung beispielsweise den Rhythmus von Milchkühen durcheinander. Durch die abweichende Melkzeit geben Kühe fast eine Woche lang weniger Milch als sonst.

Rätselideen

Reimwörter finden

Finden Sie gemeinsam möglichst viele Reimwörter zu dem Wort „Uhr".
Beispiellösungen: Ruhr, Schwur, Tortur, Kur, fuhr, nur, pur, Flur, Dur, Spur, Tour, zur.

Was passt nicht zu den anderen?

Nennen Sie jeweils die vier aufgeführten Begriffe und fragen Sie die Teilnehmenden, welcher Begriff nicht so richtig zu den anderen passt. Fragen Sie auch immer nach der Begründung. Meistens gibt es mehrere Möglichkeiten, die Übung zu lösen.

- Armbanduhr, Wanduhr, Stoppuhr, Wecker
  Beispiellösung: Die Wanduhr hängt an der Wand, die anderen kann man in die Hand nehmen.

- Armband, Gong, Tür, Pendel
  Beispiellösung: Das Armband ist nicht Teil einer Standuhr.

- Leder, Metall, Ton, Kunststoff
  Beispiellösung: Ton ist kein Material, aus dem man gewöhnlich Uhrenarmbänder macht.

Das passt noch

Die Uhr (1836)

von Johann Gabriel Seidl

Ich trage, wo ich gehe,
Stets eine Uhr bei mir
Wie viel es geschlagen habe
Genau seh ich's an ihr

Es ist ein großer Meister
Der künstlich ihr Werk gefügt
Wenngleich ihr Gang nicht immer
Dem törichten Wunsche genügt

Ich wollte, sie wär oft rascher
Gegangen an manchem Tag
Ich wollt an manchem Tage
Sie hemmte den raschen Schlag

In meinen Leiden und Freuden
Im Sturme und in Ruh –
Was immer geschah im Leben
Sie pochte den Takt dazu

Sie schlug am Sarge des Vaters
Sie schlug an des Freundes Bahr'
Sie schlug am Morgen der Liebe
Sie schlug am Traualtar

Sie schlug an der Wiege des Kindes
Sie schlägt, will's Gott! noch oft,
Wenn bessere Tage kommen
Wie meine Seel es hofft

Und ward sie manchmal träger,
Und drohte zu stocken ihr Lauf,
So zog sie der Meister mir immer
Großmütig wieder auf.

Doch stände sie einmal stille,
Dann wär's um sie geschehn
Kein and're, als der sie fügte
Bringt die Zerstörte zum Gehn

Dann müsst ich zum Meister wandern
Und ach, der wohnt gar weit
Wohnt draußen, jenseits der Erde
Wohnt dort in der Ewigkeit

Dann gäb ich sie dankbar zurücke
Dann würd ich kindlich flehn:
Sieh, Herr, – ich hab nichts verdorben
Sie blieb von selber stehn

Bekannter Filmschlager

Singen Sie den folgenden Schlager aus der Zeichentrickserie „Der rosarote Panther" mit den Teilnehmenden oder spielen Sie ihn vor.

„Wer hat an der Uhr gedreht?" (1973)

von Fred Strittmatter

Zwiebeln

Zwiebelkuchen

Tränen liefen über seine Wangen. Heinz hatte alles versucht, um sie zurückzuhalten, wurde aber doch von ihnen übermannt. Die Zwiebeln entfalteten beim Schneiden ein wundervolles Aroma, hatten aber auch entsprechend viel Kraft, um bei Heinz auf die Tränendrüse zu drücken. Er nahm es gelassen. Die Vorfreude auf den selbstgemachten Zwiebelkuchen war riesengroß. Ihm lief das Wasser im Mund zusammen. Die Zwiebeln hatten eine wunderbare Farbe. Es war immer wieder ein Wunder der Natur, wenn das gehegte und gepflegte Gemüse geerntet werden konnte. Und der Zwiebelkuchen schmeckte mit Zwiebeln aus dem eigenen Garten einfach am allerbesten.

Gesprächsimpulse

- Sind Sie jemand, dem die Augen tränen, wenn er Zwiebeln schneidet? Gibt es etwas, das Ihnen gegen tränende Augen beim Zwiebelschneiden hilft?

- Mögen Sie Zwiebelkuchen? Haben Sie schon einmal selbst Zwiebelkuchen gebacken? In welche Gerichte gehören für Sie auf jeden Fall ausreichend Zwiebeln?

- Haben Sie Zwiebeln schon zur Linderung von gesundheitlichen Problemen eingesetzt? Zum Beispiel Zwiebelsäckchen gegen Ohrenschmerzen oder Zwiebelsaft zur Behandlung von Insektenstichen?

- Welche Momente haben Sie in Ihrem Leben zum Weinen gebracht? Sind Sie jemand, der auch vor Freude die eine oder andere Träne weint? Wurde Weinen in Ihrer Kindheit „bewertet"? War man dadurch schwächer oder stärker als andere? Hat sich der Blick aufs Weinen für Sie im Laufe Ihres Lebens verändert?

- Welche Gerichte sind für Sie klassische Herbstgerichte, auf die Sie sich jedes Jahr freuen? Wer hat diese Gerichte ursprünglich gekocht? Woher kennen Sie sie? Welche Erinnerungen verbinden Sie mit diesen Gerichten?

Wussten Sie das?

- Hauptanbaugebiete für Zwiebeln sind in Deutschland Bayern und Niedersachsen.

- Zwiebeln und Zwiebelsaft werden als Zartmacher für Fleisch eingesetzt.

- Zwiebeln haben eine blutdrucksenkende, antibakterielle, gerinnungshemmende und cholesterinsenkende Wirkung.

- Bei den alten Ägyptern wurden Zwiebeln den Göttern dargereicht. Außerdem waren sie ein Zahlungsmittel für die Arbeiter, die die Pyramiden bauten, und wurden den Toten als Wegzehrung mit in den Sarg gelegt. Bei den Römern waren Zwiebeln eine Art Grundnahrungsmittel bei den Menschen, die nicht viel Vermögen hatten.

- Aufgrund der vermehrten Schweißabsonderung nach ihrem Verzehr glaubte man, dass Zwiebeln vor der Pest schützen.

- Etwa seit dem 15. Jahrhundert züchtete man in den Niederlanden neue Zwiebelsorten, die sich in der Größe, der Form, der Farbe und im Geschmack von den ursprünglichen Zwiebeln unterschieden.

Rätselideen

Alphabetische Reihenfolge

Bringen Sie die folgenden drei Gerichte aus einem Kochbuch in die richtige alphabetische Reihenfolge:

- Zwiebel-Rahmsoße

- Flammkuchen

- Geschmorte Gemüsezwiebel

Lösung: Flammkuchen, Geschmorte Gemüsezwiebel, Zwiebel-Rahmsoße.

Zwillingswörter

Lesen Sie die folgenden Sätze vor und lassen Sie die Teilnehmenden das fehlende „Zwillingswort“ ergänzen.

Mit Ach und ... sind die Zwiebeln in diesem Jahr aus dem Boden geschossen. ⇨ **Krach**
Dein köstlicher Zwiebelkuchen schmeckt Klein und ... ⇨ **Groß.**
Zwiebeln haben wir jetzt nach der Ernte in Hülle und ... ⇨ **Fülle.**

Das passt noch

Der Herbst ist da

Ein Korb voll Pilze, wunderbar
lagen in dem Korb jetzt da.
Hugo trug sie voller Stolz
aus dem Walde, aus dem Holz.

Nun war es an der Zeit,
die Pfanne stand bereit.
Doch es würde ihn nur quälen,
würden heut die Zwiebeln fehlen.

Drum nahm er einen Teller,
ging runter in den Keller.
Er holte Zwiebeln und er litt,
weil er weinte, als er schnitt.

Dann schmorte er die Zwiebeln an,
gab Pilze in die Pfanne dann.
Was war das für ein süßer Duft,
der zog durch die ganz Luft.

Es schmeckte herrlich, wunderbar,
es war so weit, der Herbst war da.

Über die Autorinnen

Natali Mallek ist Dipl.-Sozialpädagogin und Gedächtnistrainerin (BVGT). Sie ist u.a. Gründerin und Autorin der Internetseite „Mal-alt-werden.de". Ihr Schwerpunkt liegt auf der Aktivierung und Beschäftigung von Seniorinnen und Senioren und Menschen mit Demenz.

Annika Schneider ist examinierte Ergotherapeutin, Autorin und Chefredakteurin der Internetseite „Mal-alt-werden.de". Sie erstellt Begegnungsangebote, Texte, Materialien und Fachbeiträge für die Begleitung von Seniorinnen und Senioren und Menschen mit Demenz.